Dragocenosti Kitajske Kuhinje
Okusi, Ki Očarajo

Wei Chen

Vsebina

Sladki in kisli krapi 10
Krap s tofujem 12
Ribji zvitki z mandlji 14
Trska s poganjki bambusa 16
Ribe s fižolovimi kalčki 18
Ribji fileji v rjavi omaki 20
kitajske ribje torte 21
Hrustljavo ocvrta riba 22
Ocvrta trska 23
pet začimbnih rib 24
Dišeče ribje palčke 25
Ribe s kumaricami 26
Začinjena ingverjeva trska 27
Polenovka z mandarinino omako 29
ananasove ribe 31
Ribji zvitki s svinjino 33
Ribe v riževem vinu 35
Ocvrte ribe 36
Ribe s sezamovimi semeni 37
Dušene ribje kroglice 38
Marinirane sladke in kisle ribe 39
Ribe z vinaigrette omako 40
ocvrta jegulja 42
Suha kuhana jegulja 43
Jegulja z zeleno 45
Polnjene paprike z vahnjo 46
Vahnja z omako iz črnega fižola 47
Ribe v rjavi omaki 48
pet začimbnih rib 49
Česnova vahnja 50
začinjene ribe 51
Ingverjeva vahnja s Pak Soi 53

Vahnje pletenice	55
Parjeni ribji zvitki	56
Morski list v paradižnikovi omaki	58
Morska spaka z brokolijem	59
Cipli v gosti sojini omaki	61
ribe zahodnega jezera	62
ocvrta iverka	63
Dušena iverka s kitajskimi gobami	64
česnov podplat	65
Iverka z ananasovo omako	66
Tofu losos	68
Ocvrte marinirane ribe	69
postrv s korenčkom	70
ocvrta postrv	71
Postrv z limonino omako	72
kitajska tuna	74
Marinirani ribji zrezki	76
kozice z mandlji	77
Janeževa kozica	79
kozice s šparglji	80
kozice s slanino	81
mesne kroglice iz kozic	82
Škampi na žaru	84
Kozice z bambusovimi poganjki	85
Kozice s fižolovimi kalčki	86
Škampi v omaki iz črnega fižola	87
Kozice z zeleno	88
Ocvrte kozice s piščancem	89
poper kozice	90
Kozica Chop Suey	91
Chow Mein s kozicami	92
Škampi z bučkami in ličijem	93
rakova kozica	95
Kumare Kozice	97
Kari s kozicami	98
Kari s kozicami in gobami	99

ocvrte kozice *100*
Ocvrte panirane kozice *101*
Mesne kroglice s kozicami v paradižnikovi omaki *102*
Škampi in jajčni kozarci *104*
Carski zvitki s kozicami *105*
orientalske kozice *107*
Foo Yung kozica *109*
Ocvrte kozice *110*
Dušene kozice v omaki *112*
Poširane kozice s šunko in tofujem *114*
Škampi z omako iz jastoga *115*
vloženo uho *117*
Dušeni bambusovi poganjki *118*
Piščanec iz kumare *119*
Piščanec s sezamom *120*
ingverjev liči *121*
Piščančja peruti pečena v rdečem *122*
Meso rakov iz kumar *123*
Marinirane gobe *124*
Marinirane gobe *125*
kozice in cvetača *126*
sezamove palčke šunke *127*
Hladen tofu *128*
Piščanec s slanino *129*
Piščanec in ocvrta banana *130*
Piščanec z ingverjem in gobami *131*
piščanec in šunka *133*
Piščančja jetra na žaru *134*
Kroglice z vodnim kostanjem *135*
dim vsota *136*
Šunka in piščančji zvitki *137*
Pečene torte s šunko *139*
Psevdo-dimljene ribe *140*
polnjene gobe *142*
Gobe z ostrigovo omako *143*
Svinjski zvitki in solata *144*

Svinjske in kostanjeve mesne kroglice *146*
Svinjski cmoki *147*
Svinjske in telečje polpete *148*
metuljasta kozica.. *149*
kitajske kozice *150*
krekerji s kozicami *151*
Hrustljavi škampi.. *152*
Kozice z ingverjevo omako *153*
Zvitki s kozicami in testeninami.. *154*
Toast s kozicami.. *156*
Wonton iz svinjine in kozic s sladko-kislo omako...................... *157*
piščančja juha.. *159*
Fižolova juha in svinjska juha *160*
Uho in gobova juha.. *161*
Juha s piščancem in šparglji.. *163*
mesna juha *164*
Kitajska juha z govedino in listi.. *165*
Ohrovtova juha *166*
Pekoča goveja juha... *167*
rajska juha *169*
Juha s piščancem in bambusovimi strelci.................................... *170*
Piščančja in koruzna juha.. *171*
Juha s piščancem in ingverjem *172*
Piščančja juha s kitajskimi gobami *173*
Piščančja in riževa juha.. *174*
Piščančja in kokosova juha.. *175*
juha iz školjk *176*
jajčna juha *177*
Juha iz rakov in pokrovač.. *178*
rakova juha *180*
ribja juha.. *181*
Ribja in solatna juha... *182*
Ingverjeva juha s cmoki *184*
Vroča in kisla juha.. *185*
Gobova juha.. *186*
Gobova in zeljna juha.. *187*

Jajčna juha z gobami 188
Gobova in kostanjeva juha 189
Svinjska in gobova juha 190
Juha iz svinjine in vodne kreše 191
Svinjska in kumarična juha 192
Juha s svinjskimi kroglicami in rezanci 193
Juha s špinačo in tofujem 194
Koruzna in rakova juha 195
Sečuanska juha 196
tofu juha 198
Tofu in ribja juha 199
Paradižnikova juha 200
Paradižnikova in špinačna juha 201
repna juha 202
Zelenjavna juha 203
vegetarijanska juha 204
Juha iz vodne kreše 205
Pečene ribe z zelenjavo 206
Pečena cela riba 208
dušene sojine ribe 209
Sojina riba z omako iz ostrig 210
na pari kuhan brancin 212

sladki in kisli krapi

za 4 osebe

1 večji krap ali podobna riba
300 g/11 oz/¬œ skodelice koruzne moke (koruznega škroba)
8 fl oz/1 skodelica rastlinskega olja
30 ml/2 žlici sojine omake
5 ml / 1 čajna žlička soli
150 g / 5 oz / ¬Ω skodelice sladkorja
75 ml/5 žlic vinskega kisa
15 ml / 1 žlica riževega vina ali suhega šerija
3 drobno sesekljane čebulice (drobnjak).
1 rezina ingverjeve korenine, drobno sesekljana
250 ml/8 fl oz/1 skodelica vrele vode

Ribe očistimo in odstranimo luske ter jih nekaj ur namočimo v hladni vodi. Odcedite in posušite, nato pa vsako stran večkrat zarežite. Odstavite 30 ml/2 žlici koruzne moke in postopoma dodajte toliko vode preostali koruzni moki, da nastane gosta pasta. Ribe potopite v testo. Olje segrejemo do močnega segretja in ribe na zunaj hrustljavo zapečemo, zmanjšamo ogenj in pražimo še toliko časa, da se ribe zmehčajo. Medtem zmešajte preostali koruzni škrob, sojino omako, sol, sladkor, vinski kis, vino ali šeri, drobnjak in ingver. Ko je riba pečena, jo prestavimo na topel krožnik. Olju dodamo mešanico omake in vode ter ob dobrem mešanju dušimo toliko časa, da se omaka zgosti. Prelijemo čez ribe in takoj postrežemo.

Krap s tofujem

za 4 osebe

1 krap

60 ml/4 žlice arašidovega olja

225 g tofuja, narezanega na kocke

2 mladi čebuli (drobnjak), drobno sesekljan

1 strok česna, drobno sesekljan

2 rezini ingverjeve korenine, drobno sesekljane

15 ml / 1 žlica čilijeve omake

30 ml/2 žlici sojine omake

500 ml/16 oz/2 skodelici juhe

30 ml/2 žlici riževega vina ali suhega šerija

15 ml/1 žlica koruznega škroba (koruznega škroba)

30 ml / 2 žlici vode

Ribe obrežite, luščite in očistite ter na vsako stran narišite 3 diagonalne črte. Segrejte olje in na njem nežno zlato prepražite tofu. Odstranite iz ponve in dobro odcedite. V ponev dodamo ribe in pražimo do zlato rjave barve, nato jih odstranimo iz ponve. Prilijemo vse razen 15 ml/1 žlico olja in pražimo mlado čebulo, česen in ingver 30 sekund. Dodajte čili omako, sojino omako, juho in vino ter zavrite. Ribe previdno dodamo v ponev z tofu in kuhajte nepokrito približno 10 minut, dokler se riba ne skuha in omaka ne zredči. Ribo prestavimo na segret krožnik in prelijemo s tofujem. Koruzni škrob in vodo zmešamo v pasto, vmešamo v omako in med mešanjem kuhamo toliko časa, da se omaka nekoliko zgosti. Prelijemo čez ribe in takoj postrežemo.

Ribji zvitki z mandlji

za 4 osebe

100 g/4 oz/1 skodelica mandljev

450 g / 1 lb filejev trske

4 rezine prekajene šunke

1 drobnjak (zelena čebula), sesekljan

1 rezina sesekljane korenine ingverja

5 ml/1 čajna žlička koruznega škroba (koruznega škroba)

5 ml/1 čajna žlička sladkorja

2,5 ml/¬Ω cc soli

15 ml/1 žlica sojine omake

15 ml / 1 žlica riževega vina ali suhega šerija

1 jajce, rahlo stepeno

olje za cvrtje

1 limona, narezana na rezine

Mandlje blanširajte v vreli vodi 5 minut, odcedite in sesekljajte. Ribo narežite na 9 cm/3 Ω kvadratke, šunko pa na 5 cm/2 kvadratke. Zmešajte drobnjak, ingver, koruzni škrob, sladkor, sol, sojino omako, vino ali šeri in jajce. V zmes pomočimo ribo in jo položimo na delovno površino. Potresemo z mandlji in položimo rezino šunke. Ribo zavijte in zavežite za kuhanje, Segrejte olje in pražite ribje zvitke nekaj minut do zlato rjave barve. Odcedite na papirnati brisači in postrezite z limono.

Trska s poganjki bambusa

za 4 osebe

4 posušene kitajske gobe

900 g / 2 lb filejev trske, narezanih na kocke

30 ml/2 žlici koruznega škroba (koruznega škroba)

olje za cvrtje

30 ml/2 žlici arašidovega olja

1 drobnjak (zelena čebula), narezan

1 rezina sesekljane korenine ingverja

sol

100 g/4 oz bambusovih poganjkov, narezanih

120 ml/4 fl oz/¬Ω skodelice ribje juhe

15 ml/1 žlica sojine omake

45 ml / 3 žlice vode

Gobe za 30 minut namočimo v topli vodi in nato odcedimo. Zavrzite stebla in odrežite vrhove. Ribe potresemo s polovico koruzna moka. Olje segrejemo in ribe zlato ocvremo. Odcedimo na vpojni papir in pustimo na toplem.

Medtem segrejte olivno olje in na njem prepražite drobnjak, ingver in sol, da rahlo porjavijo. Dodamo bambusove poganjke in pražimo 3 minute. Dodajte juho in sojino omako, zavrite in kuhajte 3 minute. Preostalo pasto iz koruznega škroba zmešajte z vodo, dodajte v ponev in med mešanjem kuhajte, dokler se omaka ne zgosti. Prelijemo čez ribe in takoj postrežemo.

Ribe s fižolovimi kalčki

za 4 osebe

450 g fižolovih kalčkov

45 ml/3 žlice arašidovega olja

5 ml / 1 čajna žlička soli

3 rezine sesekljane korenine ingverja

450 g/1 lb ribjih filejev, narezanih

4 kapesato (glava čebula), narezana

15 ml/1 žlica sojine omake

60 ml/4 žlice ribje osnove

10 ml/2 žlički koruznega škroba (koruznega škroba)

15 ml / 1 žlica vode

Fižolove kalčke blanširajte v vreli vodi 4 minute in dobro odcedite. Segrejte polovico oljčnega olja in pražite sol in ingver 1 minuto. Dodamo ribe in pražimo, da rahlo porjavijo, nato jih odstranimo iz ponve. Segrejte preostalo olivno olje in na njem 1 minuto pražite mlado čebulo. Dodamo sojino omako in juho ter zavremo. Ribo vrnite v ponev, pokrijte in kuhajte 2 minuti, dokler ni riba pečena. Zmešajte koruzni škrob in vodo, da dobite pasto, premešajte v ponvi in med mešanjem kuhajte, dokler se omaka ne posvetli in zgosti.

Ribji fileji v rjavi omaki

za 4 osebe

450 g/1 lb filejev polenovke, debelo narezanih
30 ml/2 žlici riževega vina ali suhega šerija
30 ml/2 žlici sojine omake
3 drobno sesekljane čebulice (drobnjak).
1 rezina ingverjeve korenine, drobno sesekljana
5 ml / 1 čajna žlička soli
5 ml/1 čajna žlička sezamovega olja
30 ml/2 žlici koruznega škroba (koruznega škroba)
3 jajca, pretepena
90 ml/6 žlic arašidovega olja
90 ml/6 žlic ribje osnove

Ribje fileje položite v skledo. Zmešajte vino ali šeri, sojino omako, drobnjak, ingver, sol in sezamovo olje, prelijte ribe, pokrijte in marinirajte 30 minut. Ribo vzamemo iz marinade in zmešamo s koruznim škrobom ter nato pomočimo v stepeno jajce. Segrejte olje in ribe na zunanji strani zlato ocvrite. Prilijemo olje in vmešamo juho ter preostalo marinado. Zavremo in na majhnem ognju kuhamo približno 5 minut, dokler se riba ne skuha.

kitajske ribje torte

za 4 osebe

450 g/1 lb mlete trske
2 mladi čebuli (drobnjak), drobno sesekljan
1 strok česna, strt
5 ml / 1 čajna žlička soli
5 ml/1 čajna žlička sladkorja
5 ml/1 čajna žlička sojine omake
45 ml / 3 žlice rastlinskega olja
15 ml/1 žlica koruznega škroba (koruznega škroba)

Zmešajte polenovko, drobnjak, česen, sol, sladkor, sojino omako in 10 ml/2 žlički olja. Dobro pregnetite in občasno potresite z malo koruznega škroba, dokler zmes ne postane mehka in elastična. Oblikujte 4 ribje kolačke. Segrejte olje in pecite ribje kolačke približno 10 minut do zlato rjave barve, med pečenjem pa jih sploščite. Postrežemo toplo ali hladno.

Hrustljavo ocvrta riba

za 4 osebe

450 g/1 lb ribjih filejev, narezanih na trakove
30 ml/2 žlici riževega vina ali suhega šerija
sol in sveže mlet poper
45 ml / 3 žlice koruzne moke (koruznega škroba)
1 beljak, rahlo stepen
olje za cvrtje

Ribe prelijemo z vinom ali šerijem ter začinimo s soljo in poprom. Rahlo potresemo s koruznim škrobom. Preostanek koruzne moke stepemo v beljak, da postane čvrst, nato pa v testo pomočimo ribe. Segrejte olje in pecite ribje trakove nekaj minut, da zlato porumenijo.

Ocvrta trska

za 4 osebe

900 g / 2 lb filejev trske, narezanih na kocke

sol in sveže mlet poper

2 jajci, pretepeni

100 g/4 oz/1 skodelica navadne moke (za vse namene)

olje za cvrtje

1 limona, narezana na rezine

Trsko začinimo s soljo in poprom. Jajca in moko stepemo, dokler ne nastane pasta, in začinimo s soljo. Ribe potopite v testo. Segrejte olje in ribe pražite nekaj minut, da zlato porumenijo in se zapečejo. Odcedite na papirnati brisači in postrezite z rezinami limone.

pet začimbnih rib

za 4 osebe

4 fileji trske
5 ml/1 čajna žlička petih začimb v prahu
5 ml / 1 čajna žlička soli
30 ml/2 žlici arašidovega olja
2 stroka česna, zdrobljena
2,5 ml / 1 sesekljana korenina ingverja
30 ml/2 žlici riževega vina ali suhega šerija
15 ml/1 žlica sojine omake
nekaj kapljic sezamovega olja

Ribe natrite s petimi začimbami v prahu in soljo. Segrejte olje in ribe na obeh straneh rahlo popecite. Odstranite iz ponve in dodajte preostale sestavine. Med mešanjem segrevajte, nato ribo vrnite v ponev in pred serviranjem rahlo pogrejte.

Dišeče ribje palčke

za 4 osebe

30 ml/2 žlici riževega vina ali suhega šerija
1 drobnjak (zelena čebula), drobno sesekljan
2 jajci, pretepeni
10 ml/2 čajni žlički karija
5 ml / 1 čajna žlička soli
450 g/1 lb filejev bele ribe, narezanih na trakove
100 g/4 oz krušnih drobtin
olje za cvrtje

Zmešajte vino ali šeri, drobnjak, jajca, kari in sol. Ribe potopimo v mešanico, da so kosi dobro obloženi in jih potresemo z drobtinami. Segrejte olje in ribo pražite nekaj minut, da postane hrustljava in zlata. Dobro odcedimo in takoj postrežemo.

Ribe s kumaricami

za 4 osebe

4 fileji bele ribe
75 g / 3 oz majhnih kislih kumaric
2 mladi čebuli (zelena čebula)
2 rezini ingverjeve korenine
30 ml / 2 žlici vode
5 ml/1 čajna žlička arašidovega olja
2,5 ml/¬Ω cc soli
2,5 ml/¬Ω cc riževega vina ali suhega šerija

Ribo položimo na toplotno odporen krožnik in potresemo s preostalimi sestavinami. Postavite na rešetko v soparnik, pokrijte in kuhajte približno 15 minut v vreli vodi, dokler se riba ne zmehča. Prestavimo v segret servirni krožnik, zavržemo ingver in mlado čebulo ter postrežemo.

Začinjena ingverjeva trska

za 4 osebe

225 g/8 oz paradižnikove mezge (pasta)
30 ml/2 žlici riževega vina ali suhega šerija
15 ml / 1 žlica naribane korenine ingverja
15 ml / 1 žlica čilijeve omake
15 ml / 1 žlica vode
15 ml/1 žlica sojine omake
10 ml/2 žlički sladkorja
3 stroki česna, strti
100 g/4 oz/1 skodelica navadne moke (za vse namene)
75 ml/5 žlic koruzne moke (koruznega škroba)
6 floz/¬œ skodelice vode
1 beljak
2,5 ml/¬Ω cc soli
olje za cvrtje
450 g/1 lb filejev trske, brez kože in narezanih na kocke

Za pripravo omake zmešajte paradižnikovo mezgo, vino ali šeri, ingver, čili omako, vodo, sojino omako, sladkor in česen. Zavremo in med mešanjem kuhamo 4 minute.

Zmešajte moko, koruzni škrob, vodo, beljak in sol do gladkega. Segrejte olje. Kose rib pomakamo v testo in pražimo približno 5 minut, dokler niso pečeni in zlato rjavi. Odcedite na papirnati brisači. Odcedite vse olje in vrnite ribo z omako v ponev. Nežno segrevajte približno 3 minute, dokler ni riba popolnoma prekrita z omako.

Polenovka z mandarinino omako

za 4 osebe

675 g/1¬Ω lb filejev trske, narezanih na trakove

30 ml/2 žlici koruznega škroba (koruznega škroba)

60 ml/4 žlice arašidovega olja

1 drobnjak (zelena čebula), sesekljan

2 stroka česna, zdrobljena

1 rezina sesekljane korenine ingverja

100 g/4 oz narezanih gob

50 g/2 oz bambusovih poganjkov, narezanih na trakove

120 ml/4 fl oz/¬Ω skodelice sojine omake

30 ml/2 žlici riževega vina ali suhega šerija

15 ml / 1 žlica rjavega sladkorja

5 ml / 1 čajna žlička soli

250 ml/8 oz/1 skodelica piščančje juhe

Ribe potopite v koruzni škrob, dokler niso rahlo prevlečene. Segrejte olje in ribe na obeh straneh zlato ocvrite. Odstranite ga iz ponve. Dodajte mlado čebulo, česen in ingver ter pražite, dokler rahlo ne porjavi. Dodajte gobe in bambusove poganjke ter pražite 2 minuti. Dodamo ostale sestavine in zavremo med mešanjem zavremo. Ribo vrnite v ponev, pokrijte in kuhajte 20 minut.

ananasove ribe

za 4 osebe

450 g ribjih filejev
2 glavici (drobnjak), sesekljan
30 ml/2 žlici sojine omake
15 ml / 1 žlica riževega vina ali suhega šerija
2,5 ml/¬Ω cc soli
2 jajci, rahlo stepeni
15 ml/1 žlica koruznega škroba (koruznega škroba)
45 ml/3 žlice arašidovega olja
225 g/8 oz konzerviranih koščkov ananasa v soku

Ribe narežite na 1-palčne trakove proti zrnu in jih položite v skledo. Dodamo mlado čebulo, sojino omako, vino ali šeri in sol, dobro premešamo in pustimo stati 30 minut. Ribe odcedimo, zavržemo marinado. Jajca in koruzni škrob stepite v pasto in potopite ribe v testo, da se prekrijejo, pri čemer odcedite morebitni presežek. Segrejte olje in ribe na obeh straneh rahlo popecite. Zmanjšajte toploto in nadaljujte s kuhanjem, dokler se ne zmehča. Medtem zmešajte 60 ml/4 žlice ananasovega soka s preostalo pasto in koščki ananasa. Postavimo v ponev na majhen ogenj in ob stalnem mešanju kuhamo, dokler se ne segreje. Organizirajte

Pečeno ribo položimo na segret krožnik in prelijemo z omako za serviranje.

Ribji zvitki s svinjino

za 4 osebe

450 g ribjih filejev
100 g/4 oz kuhane svinjine, mlete (sesekljane)
30 ml/2 žlici riževega vina ali suhega šerija
15 ml/1 žlica sladkorja
olje za cvrtje
120 ml/4 fl oz/¬Ω skodelice ribje juhe
3 čebulice (drobnjak), sesekljane
1 rezina sesekljane korenine ingverja
15 ml/1 žlica sojine omake
15 ml/1 žlica koruznega škroba (koruznega škroba)
45 ml / 3 žlice vode

Ribo narežite na 9 cm/3 Ω kvadrate. Svinjino zmešajte z vinom ali šerijem in polovico sladkorja, porazdelite po ribjih kvadratih, zvijte in pritrdite z vrvico. Olje segrejemo in ribe zlato ocvremo. Odcedite na papirnati brisači. Medtem segrejte juho in ji dodajte mlado čebulo, ingver, sojino omako in preostali sladkor. Zavremo in kuhamo 4 minute. Zmešajte koruzni škrob in vodo, da dobite pasto, vmešajte v ponev in zavrite, med mešanjem dokler omaka ne posvetli in se zgosti. Prelijemo čez ribe in takoj postrežemo.

Ribe v riževem vinu

za 4 osebe

14 fl oz/1¬œ skodelice riževega vina ali suhega šerija
120 ml/4 fl oz/¬Ω skodelice vode
30 ml/2 žlici sojine omake
5 ml/1 čajna žlička sladkorja
sol in sveže mlet poper
10 ml/2 žlički koruznega škroba (koruznega škroba)
15 ml / 1 žlica vode
450 g / 1 lb filejev trske
5 ml/1 čajna žlička sezamovega olja
2 glavici (drobnjak), sesekljan

Vino, vodo, sojino omako, sladkor, sol in poper zavrite in pustite vreti, dokler se ne zmanjša za polovico. Pasto iz koruznega škroba zmešajte z vodo, vlijte v ponev in med mešanjem kuhajte 2 minuti. Ribe posolimo in pokapljamo s sezamovim oljem. Dodajte v ponev in kuhajte na šibkem ognju približno 8 minut, dokler ni kuhano. Postrežemo potreseno z drobnjakom.

Ocvrte ribe

za 4 osebe

450 g/1 lb filejev trske, narezanih na trakove

sol

sojina omaka

olje za cvrtje

Ribe potresemo s soljo in sojino omako ter pustimo 10 minut. Segrejte olje in ribe pražite nekaj minut, da rahlo porjavijo. Odcedite na papirnatih brisačah in pred serviranjem izdatno potresite s sojino omako.

Ribe s sezamovimi semeni

za 4 osebe

450 g/1 lb ribjih filejev, narezanih na trakove

1 sesekljano čebulo

2 rezini sesekljane korenine ingverja

4 fl oz/¬Ω skodelice riževega vina ali suhega šerija

10 ml/2 žlički rjavega sladkorja

2,5 ml/¬Ω cc soli

1 jajce, rahlo stepeno

15 ml/1 žlica koruznega škroba (koruznega škroba)

45 ml/3 žlice pšenične moke (za vse namene)

60 ml/6 žlic sezamovih semen

olje za cvrtje

Ribe položite v skledo. Zmešajte čebulo, ingver, vino ali šeri, sladkor in sol, dodajte ribam in pustite, da se marinirajo 30 minut, občasno obrnite. Stepajte jajce, koruzni škrob in moko, dokler ne nastane pasta. Ribe pomočite v testo in vtisnite sezamova semena. Segrejte olje in pecite ribje trakove približno 1 minuto, da postanejo zlati in hrustljavi.

Dušene ribje kroglice

za 4 osebe

450 g/1 lb mlete trske
1 jajce, rahlo stepeno
1 rezina sesekljane korenine ingverja
2,5 ml/¬Ω cc soli
ščepec sveže mletega popra
15 ml / 1 žlica koruznega škroba (koruznega škroba) 15 ml / 1 žlica riževega vina ali suhega šerija

Vse sestavine dobro premešamo in oblikujemo kroglice v velikosti oreha. Po potrebi potresemo z malo moke. Razporedimo v plitek pekač.

Posodo postavite na rešetko v sopari, pokrijte in kuhajte v rahlo vrejoči vodi približno 10 minut, dokler ni kuhana.

Marinirane sladke in kisle ribe

za 4 osebe

450 g/1 lb ribjih filejev, narezanih na kose
1 sesekljano čebulo
3 rezine sesekljane korenine ingverja
5 ml/1 čajna žlička sojine omake
sol in sveže mlet poper
30 ml/2 žlici koruznega škroba (koruznega škroba)
olje za cvrtje
sladko-kisla omaka

Ribe položite v skledo. Zmešajte čebulo, ingver, sojino omako, sol in poper, dodajte ribam, pokrijte in pustite stati 1 uro ter občasno obrnite. Ribe vzamemo iz marinade in potresemo s koruznim škrobom. Segrejte olje in na njem ribo hrustljavo in zlato ocvrite. Odcedimo na vpojni papir in položimo na topel servirni krožnik. Medtem pripravimo omako in prelijemo ribe za serviranje.

Ribe z vinaigrette omako

za 4 osebe

450 g/1 lb ribjih filejev, narezanih na trakove
sol in sveže mlet poper
1 beljak, rahlo stepen
45 ml / 3 žlice koruzne moke (koruznega škroba)
15 ml / 1 žlica riževega vina ali suhega šerija
olje za cvrtje
250 ml/8 oz/1 skodelica ribje juhe
15 ml / 1 žlica rjavega sladkorja
15 ml / 1 žlica vinskega kisa
2 rezini sesekljane korenine ingverja
2 glavici (drobnjak), sesekljan

Ribe začinite z malo soli in popra. Jajčni beljak stepite z 2 žlicama/30 ml koruznega škroba in vinom ali šerijem. Ribe potopite v testo, dokler niso prekrite. Segrejte olje in ribo pražite nekaj minut, da zlato porumeni. Odcedite na papirnati brisači.

Medtem zavremo juho, sladkor in vinski kis. Dodamo ingver in mlado čebulo ter kuhamo 3 minute. Preostali koruzni škrob zmešajte v pasto z malo vode, premešajte v ponev in med mešanjem kuhajte, dokler omaka ne posvetli in se zgosti. Za serviranje prelijemo ribe.

ocvrta jegulja

za 4 osebe

450 g/1 funt jegulje

250 ml / 8 fl oz / 1 skodelica arašidovega olja

30 ml/2 žlici temne sojine omake

30 ml/2 žlici riževega vina ali suhega šerija

15 ml / 1 žlica rjavega sladkorja

nit sezamovega olja

Olupite jeguljo in jo narežite na koščke. Olje segrejemo in jeguljo zlato ocvremo. Odstranite iz ponve in odcedite. Prilijemo vse razen 30 ml/2 žlici olja. Segrejte olje in dodajte sojino omako, vino ali sherry in sladkor. Segrejte in dodajte jeguljo ter pražite, dokler ni jegulja dobro prekrita in večina tekočine izhlapi. Pokapljamo s sezamovim oljem in postrežemo.

Suha kuhana jegulja

za 4 osebe

5 posušenih kitajskih gob

3 mlade čebule (zelena čebula)

30 ml/2 žlici arašidovega olja

20 strokov česna

6 rezin ingverjeve korenine

10 vodnih kostanjev

900 g/2 lb jegulje

30 ml/2 žlici sojine omake

15 ml / 1 žlica rjavega sladkorja

15 ml / 1 žlica riževega vina ali suhega šerija

450 ml/¬œ pt/2 skodelici vode

15 ml/1 žlica koruznega škroba (koruznega škroba)

45 ml / 3 žlice vode

5 ml/1 čajna žlička sezamovega olja

Gobe za 30 minut namočite v topli vodi, nato jih odcedite in zavrzite stebla. 1 drobnjak narežemo na koščke, drugega pa sesekljamo. Segrejte olivno olje in na njem 30 sekund prepražite gobe, drobnjak, česen, ingver in kostanj. Dodamo jegulje in pražimo 1 minuto. Dodajte sojino omako, sladkor, vino oz šerija in vode zavremo, pokrijemo in pustimo vreti 1 Ω ure, med kuhanjem po potrebi dolijemo malo vode. Zmešajte koruzno moko in vodo, da dobite pasto, premešajte v ponev in med mešanjem kuhajte, dokler se omaka ne zgosti. Postrezite pokapano s sezamovim oljem in sesekljanim drobnjakom.

Jegulja z zeleno

za 4 osebe

350g/12oz jegulje

6 stebel zelene

30 ml/2 žlici arašidovega olja

2 glavici (drobnjak), sesekljan

1 rezina sesekljane korenine ingverja

30 ml / 2 žlici vode

5 ml/1 čajna žlička sladkorja

5 ml/1 čajna žlička riževega vina ali suhega šerija

5 ml/1 čajna žlička sojine omake

sveže mlet poper

30 ml/2 žlici sesekljanega svežega peteršilja

Olupite in narežite jeguljo na trakove. Zeleno narežemo na trakove. Segrejte olivno olje in na njem 30 sekund dušite drobnjak in ingver. Dodamo jeguljo in jo pražimo 30 sekund. Dodamo zeleno in pražimo 30 sekund. Dodajte polovico vode, sladkor, vino ali šeri, sojino omako in poper. Zavremo in kuhamo nekaj minut, dokler zelena ni mehka, a še vedno hrustljava in se tekočina zmanjša. Postrežemo posuto s peteršiljem.

Polnjene paprike z vahnjo

za 4 osebe

8 oz/225 g sesekljanih filejev vahnje (mlete)

100 g/4 oz olupljenih kozic, sesekljanih (mletih)

1 drobnjak (zelena čebula), sesekljan

2,5 ml/¬Ω cc soli

poper

4 zelene paprike

45 ml/3 žlice arašidovega olja

120 ml/4 fl oz/¬Ω skodelice piščančje juhe

10 ml/2 žlički koruznega škroba (koruznega škroba)

5 ml/1 čajna žlička sojine omake

Zmešajte vahnjo, kozice, drobnjak, sol in poper. Papriki odrežite peclje in odstranite sredico. Paprike nadevajte z mešanico morskih sadežev, segrejte olje in dodajte papriko ter juho. Zavremo, pokrijemo in kuhamo 15 minut. Papriko prestavimo v segret servirni krožnik. Zmešajte koruzni škrob, sojino omako in malo vode ter vmešajte v ponev. Zavremo in med mešanjem kuhamo toliko časa, da omaka posvetli in se zgosti.

Vahnja z omako iz črnega fižola

za 4 osebe

15 ml/1 žlica arašidovega olja
2 stroka česna, zdrobljena
1 rezina sesekljane korenine ingverja
15 ml / 1 žlica omake iz črnega fižola
2 čebuli, narezani na četrtine
1 steblo zelene, narezano
450 g/1 lb fileja vahnje
15 ml/1 žlica sojine omake
15 ml / 1 žlica riževega vina ali suhega šerija
250 ml/8 oz/1 skodelica piščančje juhe

Segrejte olivno olje in na njem prepražite omako iz česna, ingverja in črnega fižola, da rahlo porjavi. Dodamo čebulo in zeleno ter pražimo 2 minuti. Dodajte vahnjo in jo pražite približno 4 minute na vsaki strani ali dokler riba ni pečena. Dodajte sojino omako, vino ali šeri in piščančjo juho, zavrite, pokrijte in pustite vreti 3 minute.

Ribe v rjavi omaki

za 4 osebe

4 vahnje ali podobne ribe
45 ml/3 žlice arašidovega olja
2 glavici (drobnjak), sesekljan
2 rezini sesekljane korenine ingverja
5 ml/1 čajna žlička sojine omake
2,5 ml/¬Ω cc vinskega kisa
2,5 ml/¬Ω cc riževega vina ali suhega šerija
2,5 ml/¬Ω c. sladkor
sveže mlet poper
2,5 ml/¬Ω c. sezamovo olje

Ribo olupimo in narežemo na večje kose. Segrejte olivno olje in na njem 30 sekund dušite drobnjak in ingver. Dodamo ribe in pražimo na obeh straneh, da rahlo porjavijo. Dodamo sojino omako, vinski kis, vino ali šeri, sladkor in poper ter kuhamo 5 minut, da se omaka zgosti. Postrezite pokapano s sezamovim oljem.

pet začimbnih rib

za 4 osebe

450 g/1 lb fileja vahnje

5 ml/1 čajna žlička petih začimb v prahu

5 ml / 1 čajna žlička soli

30 ml/2 žlici arašidovega olja

2 stroka česna, zdrobljena

2 rezini sesekljane korenine ingverja

30 ml/2 žlici riževega vina ali suhega šerija

15 ml/1 žlica sojine omake

10 ml/2 žlički sezamovega olja

Fileje vahnje natrite s petimi začimbami v prahu in soljo. Segrejte olje in ribe na obeh straneh rahlo popecite, nato jih vzemite iz ponve. Dodajte česen, ingver, vino ali šeri, sojino omako in sezamovo olje ter pražite 1 minuto. Ribo vrnemo v ponev in počasi kuhamo, dokler se riba ne zmehča.

Česnova vahnja

za 4 osebe

450 g/1 lb fileja vahnje

5 ml / 1 čajna žlička soli

30 ml/2 žlici koruznega škroba (koruznega škroba)

60 ml/4 žlice arašidovega olja

6 strokov česna

2 rezini ingverjeve korenine, zdrobljeni

45 ml / 3 žlice vode

30 ml/2 žlici sojine omake

15 ml / 1 žlica omake iz rumenega fižola

15 ml / 1 žlica riževega vina ali suhega šerija

15 ml / 1 žlica rjavega sladkorja

Vahnjo potresemo s soljo in potresemo s koruznim škrobom. Segrejte olje in ribo z obeh strani zlato zapecite, nato pa jo vzemite iz ponve. Dodamo česen in ingver ter pražimo 1 minuto. Dodamo ostale sestavine, zavremo, pokrijemo in kuhamo 5 minut. Ribo vrnite v ponev, pokrijte in kuhajte, dokler ni mehka.

začinjene ribe

za 4 osebe

450 g/1 lb fileja vahnje, narezanega na kocke

1 limonin sok

30 ml/2 žlici sojine omake

30 ml/2 žlici ostrigine omake

15 ml / 1 žlica limonine lupinice

ščepec ingverja v prahu

sol in poper

2 beljaka

45 ml / 3 žlice koruzne moke (koruznega škroba)

6 posušenih kitajskih gob

olje za cvrtje

5 mladih čebulic (glave čebule), narezanih na trakove

1 steblo zelene, narezano na trakove

100g/4oz bambusovih poganjkov, narezanih na trakove

250 ml/8 oz/1 skodelica piščančje juhe

5 ml/1 čajna žlička petih začimb v prahu

Ribe položite v skledo in jih pokapajte z limoninim sokom. Zmešajte sojino omako, omako iz ostrig, limonino lupinico, ingver, sol, poper, beljake in vse razen 1 žličke/5 ml koruznega škroba. Oditi

marinirajte 2 uri, občasno premešajte. Gobe za 30 minut namočimo v topli vodi in nato odcedimo. Zavrzite stebla in odrežite vrhove. Segrejte olje in ribo pražite nekaj minut, da zlato porumeni. Odstranite iz ponve. Dodamo zelenjavo in pražimo, dokler ni mehka, a še vedno hrustljava. Prilijemo olje. Piščančjo juho zmešamo s preostalim koruznim škrobom, dodamo k zelenjavi in zavremo. Ribo vrnite v ponev, začinite s petimi začimbami v prahu in pred serviranjem ponovno segrejte.

Ingverjeva vahnja s Pak Soi

za 4 osebe

450 g/1 lb fileja vahnje
sol in poper
225g/8oz samopakirano
30 ml/2 žlici arašidovega olja
1 rezina sesekljane korenine ingverja
1 sesekljano čebulo
2 posušena rdeča čilija
5 ml / 1 čajna žlička medu
10ml/2 žlički kečapa (ketchup)
10 ml/2 čajni žlički sladnega kisa
30 ml/2 žlici suhega belega vina
10 ml/2 žlički sojine omake
10 ml/2 žlički ribje omake
10 ml/2 žlički ostrigine omake
5 ml/1 čajna žlička paste iz kozic

Vahnjo olupimo in narežemo na 2 cm/¬æ kose. Potresemo s soljo in poprom. Ohrovt narežemo na majhne koščke. Segrejte olje in na njem 1 minuto pražite ingver in čebulo. Dodamo zelje in poper ter pražimo 30 sekund. Dodajte med, paradižnik kečap, kis in vino. Dodamo vahnjo in kuhamo 2 minuti. Zmešajte sojino, ribjo in ostrigino omako ter pasto iz kozic in dušite, dokler vahnja ni kuhana.

Vahnje pletenice

za 4 osebe

450 g/1 lb fileja vahnje brez kože

sol

5 ml/1 čajna žlička petih začimb v prahu

sok 2 limon

5ml/1 čajna žlička mletega janeža

5 ml/1 čajna žlička sveže mletega popra

30 ml/2 žlici sojine omake

30 ml/2 žlici ostrigine omake

15 ml/1 žlica medu

60 ml/4 žlice sesekljanega drobnjaka

8–10 listov špinače

45 ml/3 žlice vinskega kisa

Ribo narežemo na dolge tanke trakove in oblikujemo v preproge, potresemo s soljo, petimi začimbami v prahu in limoninim sokom ter prestavimo v skledo. Zmešajte janež, poper, sojino omako, omako iz ostrig, med in drobnjak, prelijte ribe in pustite, da se marinirajo vsaj 30 minut. Parno košaro obložimo s špinačnimi listi, nanje položimo zastirke, pokrijemo in kuhamo v rahlo vreli vodi s kisom približno 25 minut.

Parjeni ribji zvitki

za 4 osebe

450 g/1 lb filejev vahnje, brez kože in narezanih na kocke

1 limonin sok

30 ml/2 žlici sojine omake

30 ml/2 žlici ostrigine omake

30 ml/2 žlici slivove omake

5 ml/1 čajna žlička riževega vina ali suhega šerija

sol in poper

6 posušenih kitajskih gob

100g/4oz fižolovih kalčkov

100 g/4 oz zelenega graha

2 oz/¬Ω skodelica/50 g sesekljanih orehov

1 jajce, pretepeno

30 ml/2 žlici koruznega škroba (koruznega škroba)

225 g blanširanega kitajskega zelja

Ribe položite v skledo. Zmešajte limonin sok, omake iz soje, ostrig in suhih sliv, vino ali šeri ter sol in poper. Prelijemo ribe in pustimo, da se marinirajo 30 minut. Dodajte zelenjavo, orehe, jajca in koruzni škrob ter dobro premešajte. Enega na drugega položimo 3 kitajske liste, potresemo z malo ribje mešanice in diapozitiv. Nadaljujte, dokler ne porabite vseh sestavin. Zvitke položimo v košaro za kuhanje na sopari, pokrijemo in kuhamo na majhnem ognju 30 minut.

Morski list v paradižnikovi omaki

za 4 osebe

450 g/1 lb filejev morske plošče

sol

15 ml / 1 žlica omake iz črnega fižola

1 strok česna, strt

2 glavici (drobnjak), sesekljan

2 rezini sesekljane korenine ingverja

15 ml / 1 žlica riževega vina ali suhega šerija

15 ml/1 žlica sojine omake

200 g paradižnikov iz konzerve, odcejenih

30 ml/2 žlici arašidovega olja

Morsko ploščo izdatno potresemo s soljo in pustimo počivati 1 uro. Sperite sol in posušite. Ribe položite v toplotno odporno skledo in jih pokapajte z omako iz črnega fižola, česnom, česnom, ingverjem, vinom ali šerijem, sojino omako in paradižniki. Skledo postavimo na rešetko v sopari, pokrijemo in kuhamo 20 minut v vreli vodi, dokler ribe niso kuhane. Olje segrejte, da se skoraj zadimi, in ga pred serviranjem potresite po ribah.

Morska spaka z brokolijem

za 4 osebe

450 g/1 lb rep morske spake, narezan na kocke
sol in poper
45 ml/3 žlice arašidovega olja
2 oz/50 g gob, narezanih
1 manjši korenček, narezan na trakove
1 strok česna, strt
2 rezini sesekljane korenine ingverja
45 ml / 3 žlice vode
275 g/10 oz cvetov brokolija
5 ml/1 čajna žlička sladkorja
5 ml/1 čajna žlička koruznega škroba (koruznega škroba)
45 ml / 3 žlice vode

Morsko spako dobro začinimo s soljo in poprom. Segrejte 30 ml/2 žlici olja in prepražite morsko spako, gobe, korenček, česen in ingver, da rahlo porjavijo. Prilijemo vodo in še naprej dušimo nepokrito na majhnem ognju. Medtem v vreli vodi blanširajte brokoli, da se zmehča in dobro odcedite. Segrejte preostalo olje in na njem dušite brokoli in sladkor s ščepcem soli, dokler ni brokoli dobro prekrit z oljem. Organizirajte se okoli a

servirna posoda. Zmešajte koruzni škrob in vodo, dokler ne nastane pasta, zmešajte z ribami in med mešanjem kuhajte, dokler se omaka ne zgosti. Prelijemo po brokoliju in takoj postrežemo.

Cipli v gosti sojini omaki

za 4 osebe

1 cipel

olje za cvrtje

30 ml/2 žlici arašidovega olja

2 kapesato (glava čebula), narezana na rezine

2 rezini ingverjeve korenine, naribane

1 rdeča paprika, naribana

250 ml/8 oz/1 skodelica ribje juhe

15 ml/1 žlica goste sojine omake

15 ml/1 žlica sveže mletega belega

poper

15 ml / 1 žlica riževega vina ali suhega šerija

Ribo obrežite in jo diagonalno zarežite na vsaki strani. Segrejte olje in na njem pecite ribe do polovice. Odstranite iz olja in dobro odcedite. Segrejte olje in na njem 1 minuto pražite drobnjak, ingver in poper. Dodamo ostale sestavine, dobro premešamo in zavremo. Dodamo ribo in jo odkrito počasi kuhamo, dokler ni riba kuhana in tekočina skoraj izhlapi.

ribe zahodnega jezera

za 4 osebe

1 cipel
30 ml/2 žlici arašidovega olja
4 čebulice (drobnjak), sesekljane
1 rdeča paprika, sesekljana
4 rezine korenine ingverja, naribane
45 ml/3 žlice rjavega sladkorja
30 ml/2 žlici rdečega vinskega kisa
30 ml / 2 žlici vode
30 ml/2 žlici sojine omake
sveže mlet poper

Ribo očistite in prerežite ter na vsaki strani naredite 2 ali 3 diagonalne reze. Segrejte olivno olje in na njem 30 sekund pražite polovico mlade čebule, čilija in ingverja. Dodamo ribe in pražimo na obeh straneh, da rahlo porjavijo. Dodamo sladkor, vinski kis, vodo, sojino omako in poper, zavremo, pokrijemo in dušimo približno 20 minut, da se riba skuha in omaka zredci. Postrežemo okrašeno s preostalim drobnjakom.

ocvrta iverka

za 4 osebe

4 fileje morskega lista
sol in sveže mlet poper
30 ml/2 žlici arašidovega olja
1 rezina sesekljane korenine ingverja
1 strok česna, strt
solatni listi

Morski list obilno začinimo s soljo in poprom. Segrejte olivno olje in na njem 20 sekund pražite ingver in česen. Dodajte ribe in jih pražite, dokler niso kuhane in zlate. Dobro odcedimo in postrežemo na posteljici iz zelene solate.

Dušena iverka s kitajskimi gobami

za 4 osebe

4 posušene kitajske gobe
450 g/1 lb filetov morske plošče, narezanih na kocke
1 strok česna, strt
1 rezina sesekljane korenine ingverja
15 ml/1 žlica sojine omake
15 ml / 1 žlica riževega vina ali suhega šerija
5 ml/1 čajna žlička rjavega sladkorja
350 g/12 oz kuhanega dolgozrnatega riža

Gobe za 30 minut namočimo v topli vodi in nato odcedimo. Zavrzite stebla in sesekljajte vrhove. Zmešajte s ploščo, česnom, ingverjem, sojino omako, vinom ali šerijem in sladkorjem, pokrijte in marinirajte 1 uro. Riž damo v soparnik in čeznj položimo ribe. Kuhajte na pari približno 30 minut, dokler ribe niso kuhane.

česnov podplat

za 4 osebe

350 g/12 oz filejev morske plošče

sol

45 ml / 3 žlice koruzne moke (koruznega škroba)

1 jajce, pretepeno

60 ml/4 žlice arašidovega olja

3 stroki česna, sesekljani

4 čebulice (drobnjak), sesekljane

15 ml / 1 žlica riževega vina ali suhega šerija

5 ml/1 čajna žlička sezamovega olja

Plodico olupimo in narežemo na trakove. Potresemo s soljo in pustimo počivati 20 minut. Ribo potresemo s koruznim škrobom in pomočimo v jajce. Segrejte olje in pecite ribje trakove približno 4 minute, da zlato porumenijo. Odstranite iz ponve in odcedite na papirnati brisači. Iz ponve vlijemo vse razen 1 žličke/5 ml olja in dodamo preostale sestavine. Med mešanjem zavremo in kuhamo 3 minute. Prelijemo čez ribe in takoj postrežemo.

Iverka z ananasovo omako

za 4 osebe

450 g/1 lb filejev morske plošče

5 ml / 1 čajna žlička soli

30 ml/2 žlici sojine omake

200 g/7 oz konzerviranih koščkov ananasa

2 jajci, pretepeni

100 g/4 oz/¬Ω skodelice koruzne moke (koruznega škroba)

olje za cvrtje

30 ml / 2 žlici vode

5 ml/1 čajna žlička sezamovega olja

Morsko ploščo narežemo na trakove in damo v skledo. Potresemo s soljo, sojino omako in 2 žlici/30 ml ananasovega soka ter pustimo počivati 10 minut. Stepajte jajca s 45 ml/3 žlicami koruznega škroba, dokler ne nastane pasta, in v pasto potopite ribe. Olje segrejemo in ribe zlato ocvremo. Kuharski poper odcedimo. Preostali ananasov sok dajte v majhno ponev. Zmešajte 30 ml/2 žlici koruznega škroba z vodo in vmešajte v ponev. Zavremo in med mešanjem kuhamo, dokler se ne zgosti. Dodajte polovico koščkov ananasa in segrejte. Tik preden postrežemo, vmešamo sezamovo olje. Kuhane ribe razporedimo po segretem delu

krožnik in okrasite s prihranjenim ananasom. Prelijemo z vročo omako in takoj postrežemo.

Tofu losos

za 4 osebe

120 ml/4 fl oz/¬Ω skodelice arašidovega olja

450 g/1 lb na kocke narezanega tofuja

2,5 ml/¬Ω c. sezamovo olje

100 g/4 oz sesekljanega fileja lososa

kanček poprove omake

250 ml/8 oz/1 skodelica ribje juhe

15 ml/1 žlica koruznega škroba (koruznega škroba)

45 ml / 3 žlice vode

2 glavici (drobnjak), sesekljan

Segrejte olje in prepražite tofu, da rahlo porjavi. Odstranite iz ponve. Segrejte olje in sezamovo olje ter omako iz lososa in čilija dušite 1 minuto. Prilijemo juho, zavremo in vrnemo tofu v ponev. Počasi kuhamo odkrito, dokler se sestavine ne skuhajo in se tekočina zmanjša. Zmešajte koruzni škrob in vodo, da dobite pasto. Dodajte po malem in med mešanjem kuhajte, dokler se zmes ne zgosti. Morda ne boste potrebovali vsega testa za koruzno moko, če pustite, da se tekočina zmanjša. Prestavimo v segret servirni krožnik in potresemo z drobnjakom.

Ocvrte marinirane ribe

za 4 osebe

450 g papaline ali druge majhne ribe, očiščene
3 rezine sesekljane korenine ingverja
120 ml/4 fl oz/¬Ω skodelice sojine omake
15 ml / 1 žlica riževega vina ali suhega šerija
1 strok zvezdastega janeža
olje za cvrtje
15 ml/1 žlica sezamovega olja

Ribe položite v skledo. Zmešajte ingver, sojino omako, vino ali šeri in janež, prelijte ribe in pustite počivati 1 uro, občasno obrnite. Ribe odcedimo, zavržemo marinado. Segrejte olje in ribe v porcijah pecite, da postanejo hrustljave in zlate. Odcedite na papirnati brisači in postrezite pokapano s sezamovim oljem.

postrv s korenčkom

za 4 osebe

15 ml/1 žlica arašidovega olja

1 strok česna, strt

1 rezina sesekljane korenine ingverja

4 postrvi

2 korenčka, narezana na trakove

25 g/1 oz bambusovih poganjkov, narezanih na trakove

25 g/1 oz vodnega kostanja, narezanega na trakove

15 ml/1 žlica sojine omake

15 ml / 1 žlica riževega vina ali suhega šerija

Segrejte olivno olje in na njem prepražite česen in ingver, da rahlo porjavita. Dodamo ribe, pokrijemo in pražimo, dokler niso neprozorne. Dodajte korenje, bambusove poganjke, kostanj, sojino omako in vino ali šeri, rahlo premešajte, pokrijte in kuhajte približno 5 minut.

ocvrta postrv

za 4 osebe

4 postrvi, očiščene in luske

2 jajci, pretepeni

50 g/2 oz/¬Ω skodelica navadne moke (univerzalna)

olje za cvrtje

1 limona, narezana na rezine

Ribo na vsaki strani večkrat diagonalno zarežemo. Potopite v stepena jajca in vmešajte v moko, da se dobro prekrije. Otresite vse odvečne. Segrejte olje in pecite ribe približno 10-15 minut, dokler niso kuhane. Odcedite na papirnati brisači in postrezite z limono.

Postrv z limonino omako

za 4 osebe

450 ml/¬œ pt/2 skodelici piščančje juhe
5 cm kvadratne limonine lupinice
150 ml/¬° pt/¬Ω velika skodelica limoninega soka
90 ml/6 žlic rjavega sladkorja
2 rezini ingverjeve korenine, narezani na trakove
30 ml/2 žlici koruznega škroba (koruznega škroba)
4 postrvi
375 g/12 oz/3 skodelice navadne moke (univerzalne)
6 floz/¬œ skodelice vode
olje za cvrtje
2 beljaka
8 mladih čebulic (glave čebule), na tanke rezine

Za pripravo omake 5 minut mešajte juho, limonino lupinico in sok ter sladkor. Odstranite z ognja, precedite in vrnite v ponev. Koruzni škrob zmešamo z malo vode in vlijemo v ponev. Med stalnim mešanjem kuhamo 5 minut. Odstranite z ognja in pustite omako toplo.

Ribe z obeh strani rahlo potresemo z malo moke. Preostalo moko stepemo z vodo in 2 žlički/10 ml olja do gladkega. Iz beljakov stepemo trd, vendar ne suh sneg in ga vmešamo v testo. Segrejte preostalo olje. Ribe potopite v testo, da se popolnoma prekrijejo. Ribo kuhajte približno 10 minut in jo enkrat obrnite, dokler ni pečena in zlato rjava. Odcedite na papirnati brisači. Ribe razporedimo po segretem krožniku. V pekočo omako vmešamo mlado čebulo, prelijemo ribe in takoj postrežemo.

kitajska tuna

za 4 osebe

30 ml/2 žlici arašidovega olja

1 sesekljano čebulo

200 g tune v pločevinki, odcejene in na lističe narezane

2 narezani stebli zelene

100 g/4 oz sesekljanih gob

1 zelena paprika, sesekljana

250 ml/8 oz/1 skodelica juhe

30 ml/2 žlici sojine omake

100 g/4 oz tankih jajčnih rezancev

sol

15 ml/1 žlica koruznega škroba (koruznega škroba)

45 ml / 3 žlice vode

Segrejte olje in na njem prepražite čebulo do mehkega. Dodajte tunino in mešajte, dokler ni dobro prekrita z oljem. Dodamo zeleno, gobe in poper ter pražimo 2 minuti. Dodamo juho in sojino omako, zavremo, pokrijemo in pustimo vreti 15 minut. Medtem v vreli slani vodi približno 5 minut kuhamo testenine, da se zmehčajo, jih dobro odcedimo in razporedimo v toplo servirno posodo.

plošča. Zmešajte koruzni škrob in vodo, zmes vmešajte v tunino omako in med mešanjem kuhajte, dokler omaka ne posvetli in se zgosti.

Marinirani ribji zrezki

za 4 osebe

4 zrezki bela ali vahnje
2 stroka česna, zdrobljena
2 rezini ingverjeve korenine, zdrobljeni
3 čebulice (drobnjak), sesekljane
15 ml / 1 žlica riževega vina ali suhega šerija
15 ml / 1 žlica vinskega kisa
sol in sveže mlet poper
45 ml/3 žlice arašidovega olja

Ribe položite v skledo. Česen, ingver, mlado čebulo, vino ali šeri, vinski kis, sol in poper zmešamo, prelijemo ribe, pokrijemo in pustimo nekaj ur marinirati. Odstranite ribe iz marinade. Segrejte olje in ribo z obeh strani zlato zapecite, nato pa jo vzemite iz ponve. V ponev dodamo marinado, zavremo, nato vrnemo ribe v ponev in pustimo vreti, dokler niso kuhane.

kozice z mandlji

za 4 osebe

100 g / 4 oz mandljev
225 g velike kozice brez lupine
2 rezini sesekljane korenine ingverja
15 ml/1 žlica koruznega škroba (koruznega škroba)
2,5 ml/¬Ω cc soli
30 ml/2 žlici arašidovega olja
2 stroka česna
2 narezani stebli zelene
5 ml/1 čajna žlička sojine omake
5 ml/1 čajna žlička riževega vina ali suhega šerija
30 ml / 2 žlici vode

Mandlje prepražimo v suhi ponvi, da rahlo porjavijo in odstavimo. Kozice olupimo tako, da pustimo repke in jih po dolžini razpolovimo do repa. Zmešajte z ingverjem, koruznim škrobom in soljo. Segrejte olivno olje in na njem prepražite česen, da rahlo porjavi, nato pa česen zavrzite. V ponev dodajte zeleno, sojino omako, vino ali šeri in vodo ter zavrite. Dodamo kozico in pražimo, dokler se ne segreje. Postrežemo posuto s praženimi mandlji.

Janeževa kozica

za 4 osebe

45 ml/3 žlice arašidovega olja
15 ml/1 žlica sojine omake
5 ml/1 čajna žlička sladkorja
120 ml/4 fl oz/½ skodelice ribje juhe
ščepec mletega janeža
450 g/1 lb olupljenih kozic

Olje segrejemo, dodamo sojino omako, sladkor, juho in janež ter zavremo. Dodamo kozice in kuhamo nekaj minut, da se segrejejo in zadišijo.

kozice s šparglji

za 4 osebe

450 g/1 lb špargljev, narezanih na koščke
45 ml/3 žlice arašidovega olja
2 rezini sesekljane korenine ingverja
15 ml/1 žlica sojine omake
15 ml / 1 žlica riževega vina ali suhega šerija
5 ml/1 čajna žlička sladkorja
2,5 ml/¬Ω cc soli
225 g oluščenih kozic

Šparglje blanširamo v vreli vodi 2 minuti in dobro odcedimo. Segrejte olje in na njem nekaj sekund prepražite ingver. Dodamo šparglje in dobro premešamo z oljem. Dodajte sojino omako, vino ali šeri, sladkor in sol ter segrejte. Dodamo kozico in na majhnem ognju mešamo, dokler se šparglji ne zmehčajo.

kozice s slanino

za 4 osebe

450 g velikih oluščenih kozic
100 g/4 oz slanine
1 jajce, rahlo stepeno
2,5 ml/¬Ω cc soli
15 ml/1 žlica sojine omake
50 g/2 oz/¬Ω skodelice koruzne moke (koruznega škroba)
olje za cvrtje

Kozice olupimo, repke pustimo nedotaknjene. Po dolžini prerežite na pol do repa. Slanino narežemo na majhne kvadratke. V sredino vsake kozice vtisnemo kos slanine in stisnemo obe polovici skupaj. Jajce stepemo s soljo in sojino omako. Kozico pomočimo v jajce in potresemo s koruznim škrobom. Segrejte olje in pražite kozice, da hrustljavo zapečejo in zlato zapečejo.

mesne kroglice iz kozic

za 4 osebe

3 posušene kitajske gobe
450 g/1 lb drobno sesekljanih kozic
6 drobno sesekljanih vodnih kostanjev
1 mlada čebula (šalotka), drobno sesekljana
1 rezina ingverjeve korenine, drobno sesekljana
sol in sveže mlet poper
2 jajci, pretepeni
15 ml/1 žlica koruznega škroba (koruznega škroba)
50 g/2 oz/¬Ω skodelica navadne moke (univerzalna)
arašidovo (arašidovo) olje za cvrtje

Gobe za 30 minut namočimo v topli vodi in nato odcedimo. Zavrzite stebla in drobno sesekljajte vrhove. Zmešajte s kozicami, vodnim kostanjem, mlado čebulo in ingverjem ter začinite s soljo in poprom. Zmešajte 1 jajce in 1 čajno žličko/5 ml koruzne moke v kroglice velikosti zvrhane čajne žličke.

Stepite preostalo jajce, koruzni škrob in moko ter dodajte toliko vode, da dobite gosto, gladko testo. Zavaljajte kroglice

Trkati. Segrejte olje in pražite nekaj minut, da rahlo porjavi.

Škampi na žaru

za 4 osebe

450 g/1 lb velikih kozic, olupljenih
100 g/4 oz slanine
8 oz/225 g piščančjih jeter, narezanih
1 strok česna, strt
2 rezini sesekljane korenine ingverja
30 ml/2 žlici sladkorja
120 ml/4 fl oz/¬Ω skodelice sojine omake
sol in sveže mlet poper

Kozice vzdolžno prerežemo po hrbtu brez rezanja in jih rahlo sploščimo. Slanino narežemo na koščke in jo damo v skledo h kozicam in piščančjim jetrom. Preostale sestavine zmešamo, prelijemo v kozico in pustimo počivati 30 minut. Kozice, slanino in jetra nataknite na nabodala in pecite na žaru ali žaru približno 5 minut, pogosto obračajte, dokler niso kuhani, občasno jih polijte z marinado.

Kozice z bambusovimi poganjki

za 4 osebe

60 ml/4 žlice arašidovega olja
1 strok česna, sesekljan
1 rezina sesekljane korenine ingverja
450 g/1 lb olupljenih kozic
30 ml/2 žlici riževega vina ali suhega šerija
225 g bambusovih poganjkov
30 ml/2 žlici sojine omake
15 ml/1 žlica koruznega škroba (koruznega škroba)
45 ml / 3 žlice vode

Segrejte olivno olje in na njem prepražite česen in ingver, da rahlo porjavita. Dodamo kozico in pražimo 1 minuto. Dodajte vino ali šeri in dobro premešajte. Dodamo bambusove poganjke in pražimo 5 minut. Dodamo preostale sestavine in pražimo 2 minuti.

Kozice s fižolovimi kalčki

za 4 osebe

4 posušene kitajske gobe
30 ml/2 žlici arašidovega olja
1 strok česna, strt
225 g oluščenih kozic
15 ml / 1 žlica riževega vina ali suhega šerija
450 g fižolovih kalčkov
120 ml/4 fl oz/¬Ω skodelice piščančje juhe
15 ml/1 žlica sojine omake
15 ml/1 žlica koruznega škroba (koruznega škroba)
sol in sveže mlet poper
2 glavici (drobnjak), sesekljan

Gobe za 30 minut namočimo v topli vodi in nato odcedimo. Zavrzite stebla in odrežite vrhove. Segrejte olivno olje in na njem prepražite česen, da rahlo porjavi. Dodamo kozico in pražimo 1 minuto. Dodajte vino ali šeri in pražite 1 minuto. Dodamo gobe in fižolove kalčke. Zmešajte juho, sojino omako in koruzni škrob ter premešajte v ponev. Zavremo in med mešanjem kuhamo toliko časa, da omaka posvetli in se zgosti. Po okusu začinimo s soljo in poprom. Postrežemo potreseno z drobnjakom.

Škampi v omaki iz črnega fižola

za 4 osebe

30 ml/2 žlici arašidovega olja
5 ml / 1 čajna žlička soli
1 strok česna, strt
45 ml/3 žlice omake iz črnega fižola
1 zelena paprika, sesekljana
1 sesekljano čebulo
120 ml/4 fl oz/¬Ω skodelice ribje juhe
5 ml/1 čajna žlička sladkorja
15 ml/1 žlica sojine omake
225 g oluščenih kozic
15 ml/1 žlica koruznega škroba (koruznega škroba)
45 ml / 3 žlice vode

Segrejte olivno olje in na njem 2 minuti pražite omako iz soli, česna in črnega fižola. Dodamo poper in čebulo ter pražimo 2 minuti. Dodajte juho, sladkor in sojino omako ter zavrite. Dodamo kozico in kuhamo 2 minuti. Koruzni zdrob zmešajte z vodo, dokler ne nastane pasta, jo dodajte v ponev in med mešanjem kuhajte, dokler omaka ne posvetli in se zgosti.

Kozice z zeleno

za 4 osebe

45 ml/3 žlice arašidovega olja
3 rezine sesekljane korenine ingverja
450 g/1 lb olupljenih kozic
5 ml / 1 čajna žlička soli
15 ml/1 žlica sherryja
4 sesekljana stebla zelene
100 g/4 oz sesekljanih mandljev

Segrejte polovico oljčnega olja in prepražite ingver, da rahlo porjavi. Dodajte kozice, sol in šeri ter pražite, dokler niso dobro prekrite z oljem, in jih odstranite iz ponve. Segrejte preostalo oljčno olje in na njem nekaj minut pražite zeleno in mandlje, da se zelena zmehča, a še vedno hrustljavo. Kozico vrnemo v ponev, dobro premešamo in pred serviranjem pogrejemo.

Ocvrte kozice s piščancem

za 4 osebe

30 ml/2 žlici arašidovega olja

2 stroka česna, zdrobljena

225 g/8 oz kuhanega piščanca, narezanega na tanke rezine

100 g/4 oz bambusovih poganjkov, narezanih

100 g/4 oz narezanih gob

75 ml/5 žlic ribje osnove

225 g oluščenih kozic

8 oz/225 g graha

15 ml/1 žlica koruznega škroba (koruznega škroba)

45 ml / 3 žlice vode

Segrejte olivno olje in na njem prepražite česen, da rahlo porjavi. Dodajte piščanca, bambusove poganjke in gobe ter pražite, dokler niso dobro prekriti z oljem. Prilijemo juho in zavremo. Dodamo kozice in grah, pokrijemo in kuhamo 5 minut. Zmešajte koruzni škrob in vodo, da dobite pasto, premešajte v ponvi in med mešanjem kuhajte, dokler se omaka ne posvetli in zgosti. Postrezite takoj.

poper kozice

za 4 osebe

450 g/1 lb olupljenih kozic

1 beljak

10 ml/2 žlički koruznega škroba (koruznega škroba)

5 ml / 1 čajna žlička soli

60 ml/4 žlice arašidovega olja

25 g/1 oz posušene rdeče paprike, narezane

1 strok česna, strt

5 ml/1 čajna žlička sveže mletega popra

15 ml/1 žlica sojine omake

5 ml/1 čajna žlička riževega vina ali suhega šerija

2,5 ml/¬Ω c. sladkor

2,5 ml/¬Ω cc vinskega kisa

2,5 ml/¬Ω c. sezamovo olje

Kozico damo v skledo z beljakom, koruznim škrobom in soljo ter pustimo marinirati 30 minut. Segrejte olivno olje in na njem 1 minuto pražite papriko, česen in poper. Dodamo kozico in ostale sestavine ter pražimo nekaj minut, da se kozica segreje in se sestavine dobro povežejo.

Kozica Chop Suey

za 4 osebe

60 ml/4 žlice arašidovega olja
2 glavici (drobnjak), sesekljan
2 stroka česna, zdrobljena
1 rezina sesekljane korenine ingverja
225 g oluščenih kozic
100 g zamrznjenega graha
100 g gob, prepolovljenih
30 ml/2 žlici sojine omake
15 ml / 1 žlica riževega vina ali suhega šerija
5 ml/1 čajna žlička sladkorja
5 ml / 1 čajna žlička soli
15 ml/1 žlica koruznega škroba (koruznega škroba)

Segrejte 45 ml/3 žlice olja in prepražite mlado čebulo, česen in ingver, dokler rahlo ne porjavijo. Dodamo kozico in pražimo 1 minuto. Odstranite iz ponve. Segrejte preostalo olivno olje in na njem 3 minute pražite grah in gobe. Dodajte kozico, sojino omako, vino ali šeri, sladkor in sol ter pražite 2 minuti. Koruzni škrob zmešamo z malo vode, vlijemo v ponev in med mešanjem kuhamo toliko časa, da omaka posvetli in se zgosti.

Chow Mein s kozicami

za 4 osebe

450 g/1 lb olupljenih kozic
15 ml/1 žlica koruznega škroba (koruznega škroba)
15 ml/1 žlica sojine omake
15 ml / 1 žlica riževega vina ali suhega šerija
4 posušene kitajske gobe
30 ml/2 žlici arašidovega olja
5 ml / 1 čajna žlička soli
1 rezina sesekljane korenine ingverja
100 g kitajskega zelja, narezanega
100 g/4 oz bambusovih poganjkov, narezanih
Ocvrti rezanci

Kozico zmešamo s koruznim škrobom, sojino omako in vinom ali šerijem ter pustimo počivati in občasno premešamo. Gobe za 30 minut namočimo v topli vodi in nato odcedimo. Zavrzite stebla in odrežite vrhove. Segrejte olje in pražite sol in ingver 1 minuto. Dodajte zelje in bambusove poganjke ter mešajte, dokler niso prekriti z oljem. Pokrijte in kuhajte 2 minuti. Dodamo kozico in marinado ter pražimo 3 minute. Dodajte odcejene testenine in pred serviranjem pogrejte.

Škampi z bučkami in ličijem

za 4 osebe
12 kraljevih kozic
sol in poper
10 ml/2 žlički sojine omake
10 ml/2 žlički koruznega škroba (koruznega škroba)
15 ml/1 žlica arašidovega olja
4 stroki česna, strti
2 rdeči papriki, sesekljani
225 g bučk, narezanih na kocke
2 glavici (drobnjak), sesekljan
12 ličijev brez semen
4 fl oz/¬Ω skodelica/120 ml kokosove smetane
10 ml/2 čajni žlički blagega karija
5 ml/1 čajna žlička ribje omake

Kozice olupimo, repe pustimo. Potresemo s soljo, poprom in sojino omako ter obložimo s koruznim škrobom. Segrejte olivno olje in na njem 1 minuto pražite česen, papriko in kozice. Dodamo bučke, drobnjak in liči ter pražimo 1 minuto. Odstranite iz ponve. V ponev vlijemo kokosovo smetano, zavremo in kuhamo 2 minuti, dokler se ne zgosti. Zmešajte curry prašek in ribjo omako ter začinite s soljo in poprom. Kozice in zelenjavo vrnite v omako, da se pred serviranjem pogrejejo.

rakova kozica

za 4 osebe

45 ml/3 žlice arašidovega olja
3 čebulice (drobnjak), sesekljane
1 narezana korenina ingverja, sesekljana
225 g/8 oz rakovega mesa
15 ml / 1 žlica riževega vina ali suhega šerija
30 ml/2 žlici piščančje ali ribje juhe
15 ml/1 žlica sojine omake
5 ml/1 čajna žlička rjavega sladkorja
5 ml/1 čajna žlička vinskega kisa
sveže mlet poper
10 ml/2 žlički koruznega škroba (koruznega škroba)
225 g oluščenih kozic

Segrejte 30 ml/2 žlici olja in prepražite mlado čebulo in ingver, dokler rahlo ne porjavita. Dodamo rakovo meso in pražimo 2 minuti. Dodamo vino ali šeri, juho, sojino omako, sladkor in kis ter po okusu začinimo s poprom. Pražimo 3 minute. Koruzni škrob zmešamo z malo vode in dodamo omaki. Med mešanjem kuhamo, dokler se omaka ne zgosti. Medtem v ločeni ponvi segrejemo preostalo olje in na njem nekaj minut pražimo kozice.

minut, dokler se ne segreje. Mešanico rakov preložimo na segret krožnik in okrasimo s kozicami.

Kumare Kozice

za 4 osebe

225 g oluščenih kozic
sol in sveže mlet poper
15 ml/1 žlica koruznega škroba (koruznega škroba)
1 kumara
45 ml/3 žlice arašidovega olja
2 stroka česna, zdrobljena
1 čebula, drobno sesekljana
15 ml / 1 žlica riževega vina ali suhega šerija
2 rezini sesekljane korenine ingverja

Kozico posolimo in popopramo ter primešamo koruzni škrob. Kumaro olupimo in ji odstranimo semena ter jo narežemo na debele rezine. Segrejte polovico oljčnega olja in na njem prepražite česen in čebulo, da rahlo porjavita. Dodamo kozice in šeri ter pražimo 2 minuti, nato sestavine odstranimo iz ponve. Segrejte preostalo olje in pražite ingver 1 minuto. Dodamo kumare in pražimo 2 minuti. Mešanico s kozicami vrnite v ponev in jo pražite, dokler se dobro ne premeša in segreje.

Kari s kozicami

za 4 osebe

45 ml/3 žlice arašidovega olja
4 kapesato (glava čebula), narezana
30 ml/2 žlici karija
2,5 ml/¬Ω cc soli
120 ml/4 fl oz/¬Ω skodelice piščančje juhe
450 g/1 lb olupljenih kozic

Segrejte olivno olje in na njem 30 sekund dušite drobnjak. Dodajte curry v prahu in sol ter pražite 1 minuto. Dodajte juho, zavrite in med mešanjem kuhajte 2 minuti. Dodamo kozice in rahlo segrejemo.

Kari s kozicami in gobami

za 4 osebe

5 ml/1 čajna žlička sojine omake
5 ml/1 čajna žlička riževega vina ali suhega šerija
225 g oluščenih kozic
30 ml/2 žlici arašidovega olja
2 stroka česna, zdrobljena
1 rezina ingverjeve korenine, drobno sesekljana
1 čebula, narezana na četrtine
100 g gob
100g/4oz svežega ali zamrznjenega graha
15 ml/1 žlica karija
15 ml/1 žlica koruznega škroba (koruznega škroba)
150 ml/¬° pt/¬Ω velika skodelica piščančje juhe

Zmešajte sojino omako, vino ali šeri in kozice. Segrejte olivno olje s česnom in ingverjem ter prepražite, da rahlo porjavi. Dodamo čebulo, gobe in grah ter pražimo 2 minuti. Dodajte kari in koruzni škrob ter pražite 2 minuti. Po malem dodajamo juho, zavremo, pokrijemo in med občasnim mešanjem kuhamo 5 minut. Dodamo kozico in marinado, pokrijemo in kuhamo 2 minuti.

ocvrte kozice

za 4 osebe

450 g/1 lb olupljenih kozic
30 ml/2 žlici riževega vina ali suhega šerija
5 ml / 1 čajna žlička soli
olje za cvrtje
sojina omaka

Kozico prelijemo z vinom ali šerijem in potresemo s soljo. Pustite počivati 15 minut, nato odcedite in posušite. Segrejte olje in na njem nekaj sekund pražite kozice, da hrustljavo zapečejo. Postrezite pokapano s sojino omako.

Ocvrte panirane kozice

za 4 osebe

50 g/2 oz/¬Ω skodelica navadne moke (univerzalna)
2,5 ml/¬Ω cc soli
1 jajce, rahlo stepeno
30 ml / 2 žlici vode
450 g/1 lb olupljenih kozic
olje za cvrtje

Moko, sol, jajce in vodo stepamo, dokler ne nastane testo, po potrebi dodamo malo vode. Mešajte s kozico, dokler ni dobro prekrita. Segrejte olje in pražite kozice nekaj minut, da postanejo hrustljave in zlatorjave.

Mesne kroglice s kozicami v paradižnikovi omaki

za 4 osebe

900 g oluščenih kozic

450 g/1 lb mlete trske

4 jajca, pretepena

50 g/2 oz/¬Ω skodelice koruzne moke (koruznega škroba)

2 stroka česna, zdrobljena

30 ml/2 žlici sojine omake

15 ml/1 žlica sladkorja

15 ml/1 žlica arašidovega olja

Za omako:

30 ml/2 žlici arašidovega olja

100 g drobnjaka (drobnjak), sesekljan

100 g/4 oz sesekljanih gob

100 g/4 oz šunke, sesekljane

2 narezani stebli zelene

200 g/7 oz paradižnikov, olupljenih in narezanih

300 ml/¬Ω pt/1¬° skodelice vode

sol in sveže mlet poper

15 ml/1 žlica koruznega škroba (koruznega škroba)

Kozice drobno nasekljamo in primešamo polenovki. Dodajte jajca, koruzni škrob, česen, sojino omako, sladkor in olje. Zavremo večjo ponev z vodo in v ponev dajamo žlice mešanice. Vrnemo na ogenj in kuhamo nekaj minut, da mesne kroglice privrejo na površje. Dobro posušite. Za pripravo omake segrejte oljčno olje in prepražite drobnjak, da se zmehča, vendar ne porjavi. Dodamo gobe in jih pražimo 1 minuto, dodamo šunko, zeleno in paradižnik ter pražimo 1 minuto. Prilijemo vodo, zavremo ter začinimo s soljo in poprom. Pokrijte in med občasnim mešanjem kuhajte 10 minut. Koruzni škrob zmešamo z malo vode in vmešamo v omako. Med mešanjem kuhajte nekaj minut, dokler omaka ne posvetli in se zgosti. Postrezite z mesnimi kroglicami.

Škampi in jajčni kozarci

za 4 osebe

15 ml/1 žlica sezamovega olja

8 olupljenih kozic

1 rdeča paprika, sesekljana

2 glavici (drobnjak), sesekljan

30 ml/2 žlici sesekljanega abalona (neobvezno)

8 jajc

15 ml/1 žlica sojine omake

sol in sveže mlet poper

nekaj vejic ploščatega peteršilja

S sezamovim oljem namastite 8 ramkinov. Na vsak krožnik položite eno kozico z nekaj popra, drobnjaka in abalona, če ga uporabljate. V vsako skledo razbijte jajce in začinite s sojino omako, soljo in poprom. Ramekine položimo na pekač in postavimo v predhodno ogreto pečico na 200°C/400°F/termostat 6 za približno 15 minut, da se jajčka strdijo in na zunaj rahlo hrustljavo zapečejo. Nežno jih preložimo na segret krožnik in okrasimo s peteršiljem.

Carski zvitki s kozicami

za 4 osebe

225 g / 8 oz fižolovih kalčkov
30 ml/2 žlici arašidovega olja
4 sesekljana stebla zelene
100 g/4 oz sesekljanih gob
8 oz/225 g olupljenih kozic, narezanih
15 ml / 1 žlica riževega vina ali suhega šerija
2,5 ml/¬Ω cc koruzne moke (koruznega škroba)
2,5 ml/¬Ω cc soli
2,5 ml/¬Ω c. sladkor
12 školjk spomladanskih zvitkov
1 jajce, pretepeno
olje za cvrtje

Fižolove kalčke blanširajte v vreli vodi 2 minuti, nato jih odcedite. Segrejte olivno olje in na njem 1 minuto pražite zeleno. Dodamo gobe in pražimo 1 minuto. Dodajte kozico, vino ali šeri, koruzni škrob, sol in sladkor ter pražite 2 minuti. Naj se ohladi.

Na sredino vsake kože položite malo nadeva in robove namažite s stepenim jajcem. Zavihajte robove in zavijte zvitek stran od sebe, robove pa zaprite z jajcem. Olje segrejemo in zlato ocvremo.

orientalske kozice

za 4 osebe

16–20 olupljenih kozic

1 limonin sok

120 ml/4 fl oz/¬Ω skodelice suhega belega vina

30 ml/2 žlici sojine omake

30 ml/2 žlici medu

15 ml / 1 žlica limonine lupinice

sol in poper

45 ml/3 žlice arašidovega olja

1 strok česna, sesekljan

6 mladih čebulic (glave čebule), narezanih na trakove

2 korenčka, narezana na trakove

5 ml/1 čajna žlička petih začimb v prahu

5 ml/1 čajna žlička koruznega škroba (koruznega škroba)

Kozice zmešajte z limoninim sokom, vinom, sojino omako, medom in limonino lupinico ter začinite s soljo in poprom. Pokrijte in pustite marinirati 1 uro. Segrejte olivno olje in na njem prepražite česen, da rahlo porjavi. Dodamo zelenjavo in pražimo, dokler ni mehka, a še vedno hrustljava. Kozico odcedimo, dodamo v ponev in dušimo 2 minuti. Raznolikost

marinado in zmešajte s petimi začimbami v prahu in koruznim škrobom. Dodamo v vok, dobro premešamo in zavremo.

Foo Yung kozica

za 4 osebe

6 jajc, pretepenih

45 ml / 3 žlice koruzne moke (koruznega škroba)

225 g oluščenih kozic

100 g/4 oz narezanih gob

5 ml / 1 čajna žlička soli

2 glavici (drobnjak), sesekljan

45 ml/3 žlice arašidovega olja

Stepite jajca in nato dodajte koruzni škrob. Dodajte vse preostale sestavine razen olja. Segrejemo olje in zmes postopoma vlijemo v ponev, da dobimo palačinke premera približno 7,5 cm. Cvremo, dokler spodnja stran ne zlato zapeče, nato obrnemo in zapečemo še drugo stran.

Ocvrte kozice

za 4 osebe

12 velikih surovih kozic
1 jajce, pretepeno
30 ml/2 žlici koruznega škroba (koruznega škroba)
ščepec soli
ščepec popra
3 rezine kruha
1 kuhan rumenjak (trd), sesekljan
25 g/1 oz kuhane šunke, sesekljane
1 drobnjak (zelena čebula), sesekljan
olje za cvrtje

Odstranite lupine in žile s hrbtne strani kozic, repke pa pustite nedotaknjene. Kozicam z ostrim nožem zarežemo hrbet in jih nežno sploščimo. Stepite jajce, koruzni škrob, sol in poper. V mešanico stresite kozico, dokler ni popolnoma prekrita. Kruhu odstranimo skorjo in ga narežemo na četrtine. Na vsak kos položite eno kozico s prerezano stranjo navzdol in pritisnite. Vsako kozico premažemo z malo jajčne zmesi in potresemo z rumenjakom, šunko in drobnjakom. Segrejte olje in na njem po obrokih zlato rjavo popecite kose kruha s kozicami. Odcedimo na papirnati brisači in vroče postrežemo.

Dušene kozice v omaki

za 4 osebe

75 g/3 oz/½ skodelice koruzne moke (koruznega škroba)
¬Ω jajce, stepeno
5 ml/1 čajna žlička riževega vina ali suhega šerija
sol
450 g/1 lb olupljenih kozic
45 ml/3 žlice arašidovega olja
5 ml/1 čajna žlička sezamovega olja
1 strok česna, strt
1 rezina sesekljane korenine ingverja
3 narezane kapestose
15 ml/1 žlica ribje juhe
5 ml/1 čajna žlička vinskega kisa
5 ml/1 čajna žlička sladkorja

Zmešajte koruzni škrob, jajce, vino ali šeri in ščepec soli, da dobite pasto. Kozice pomočite v testo, da so rahlo obložene. Olje segrejemo in na njem ocvremo kozice, da zunaj hrustljavo zapečejo. Odstranite jih iz ponve in odcedite olje. V ponvi segrejte sezamovo olje, dodajte kozice, česen, ingver in drobnjak in dušimo 3 minute. Dodamo juho, vinski kis in sladkor, dobro premešamo in pred serviranjem segrejemo.

Poširane kozice s šunko in tofujem

za 4 osebe

30 ml/2 žlici arašidovega olja
225 g tofuja, narezanega na kocke
600 ml/1 pt/2 Ω skodelice piščančje juhe
100 g prekajene šunke, narezane na kocke
225 g oluščenih kozic

Segrejte olje in prepražite tofu, da rahlo porjavi. Odstranite iz ponve in odcedite. Juho segrejemo, dodamo tofu in šunko ter na majhnem ognju kuhamo približno 10 minut, da se tofu skuha. Dodajte kozico in kuhajte še 5 minut, dokler se ne segreje. Postrežemo v globokih skledah.

Škampi z omako iz jastoga

za 4 osebe

45 ml/3 žlice arašidovega olja

2 stroka česna, zdrobljena

5 ml/1 čajna žlička sesekljanega črnega fižola

100 g/4 oz mlete svinjine (mlete)

450 g/1 lb olupljenih kozic

15 ml / 1 žlica riževega vina ali suhega šerija

300 ml/¬Ω pt/1¬° skodelice piščančje juhe

30 ml/2 žlici koruznega škroba (koruznega škroba)

2 jajci, pretepeni

15 ml/1 žlica sojine omake

2,5 ml/¬Ω cc soli

2,5 ml/¬Ω c. sladkor

2 glavici (drobnjak), sesekljan

Segrejte olivno olje in na njem prepražite česen in črni fižol, da česen rahlo porjavi. Dodajte svinjino in jo pražite, dokler ne porjavi. Dodamo kozico in pražimo 1 minuto. Dodamo šeri, pokrijemo in kuhamo 1 minuto. Dodamo juho in koruzni škrob, med mešanjem zavremo, pokrijemo in kuhamo 5 minut. Dodajte jajca, nenehno mešajte, da nastanejo vrvice. Dodajte sojo omako, soljo, sladkorjem in drobnjakom ter pred serviranjem nekaj minut pokuhamo.

vloženo uho

za 4 osebe

450 g/1 lb konzerviranega ušesa

45 ml/3 žlice sojine omake

30 ml/2 žlici vinskega kisa

5 ml/1 čajna žlička sladkorja

nekaj kapljic sezamovega olja

Uho odcedimo in narežemo na tanke rezine ali trakove. Združite preostale sestavine, prelijte čez abalone in dobro premešajte. Pokrijte in ohladite 1 uro.

Dušeni bambusovi poganjki

za 4 osebe

60 ml/4 žlice arašidovega olja

8 oz/225 g bambusovih poganjkov, narezanih na trakove

60 ml/4 žlice piščančje juhe

15 ml/1 žlica sojine omake

5 ml/1 čajna žlička sladkorja

5 ml/1 čajna žlička riževega vina ali suhega šerija

Segrejte olje in pražite bambusove poganjke 3 minute. Zmešajte juho, sojino omako, sladkor in vino ali šeri ter dodajte v ponev. Pokrijte in kuhajte 20 minut. Pred serviranjem pustite, da se ohladi in ohladi.

Piščanec iz kumare

za 4 osebe

1 kumara, olupljena in brez semen
225 g kuhanega piščanca, narezanega na kose
5 ml/1 čajna žlička gorčice v prahu
2,5 ml/¬Ω cc soli
30 ml/2 žlici vinskega kisa

Kumaro narežemo na trakove in položimo v plitko posodo. Nanj položite piščanca. Zmešamo gorčico, sol in vinski kis ter ob serviranju prelijemo piščanca.

Piščanec s sezamom

za 4 osebe

350 g/12 oz kuhanega piščanca
120 ml/4 fl oz/¬Ω skodelice vode
5 ml/1 čajna žlička gorčice v prahu
15 ml / 1 žlica sezamovih semen
2,5 ml/¬Ω cc soli
ščepec sladkorja
45 ml/3 žlice sesekljanega svežega koriandra
5 drobnjaka (drobnjaka), sesekljanega
¬Ω glava zelene solate, naribana

Piščanca narežemo na tanke trakove. V gorčico vmešajte toliko vode, da dobite gladko pasto in jo vmešajte v piščanca. V suhi ponvi popražimo sezamovo seme, da rahlo porjavi, dodamo piščancu in potresemo s soljo in sladkorjem. Dodamo polovico peteršilja in drobnjak ter dobro premešamo. Solato razporedimo po krožniku, obložimo s piščančjo mešanico in okrasimo s preostalim peteršiljem.

ingverjev liči

za 4 osebe

1 velika lubenica, prerezana na pol in brez pečk
450 g/1 lb konzerviranega ličija, odcejenega
2 in/5 cm steblo ingverja, narezano
nekaj listov mete

Polovice melone okrasite z ličijem in ingverjem, okrasite z listi mete. Pred serviranjem ohladite.

Piščančja peruti pečena v rdečem

za 4 osebe

8 piščančjih kril
2 glavici (drobnjak), sesekljan
75 ml/5 žlic sojine omake
120 ml/4 fl oz/¬Ω skodelice vode
30 ml/2 žlici rjavega sladkorja

Piščančjim perutom odrežite in zavrzite konice kosti ter jih prerežite na pol. Damo v ponev z ostalimi sestavinami, zavremo, pokrijemo in kuhamo 30 minut. Odstranite pokrov in kuhajte še 15 minut, pogosto polivajte. Pred serviranjem naj se ohladi in ohladi.

Meso rakov iz kumar

za 4 osebe

100 g/4 oz rakovega mesa, zdrobljenega
2 kumari, olupljeni in naribani
1 rezina sesekljane korenine ingverja
15 ml/1 žlica sojine omake
30 ml/2 žlici vinskega kisa
5 ml/1 čajna žlička sladkorja
nekaj kapljic sezamovega olja

V skledo damo meso rakov in kumare. Združite preostale sestavine, prelijte čez zmes iz rakovega mesa in dobro premešajte. Pokrijte in ohladite 30 minut pred serviranjem.

Marinirane gobe

za 4 osebe

225 g gob

30 ml/2 žlici sojine omake

15 ml / 1 žlica riževega vina ali suhega šerija

ščepec soli

nekaj kapljic omake tabasco

nekaj kapljic sezamovega olja

Gobe 2 minuti blanširamo v vreli vodi, nato jih odcedimo in osušimo. Damo v skledo in prelijemo z ostalimi sestavinami. Dobro premešajte in pred serviranjem ohladite.

Marinirane gobe

za 4 osebe

225 g gob

3 stroki česna, strti

30 ml/2 žlici sojine omake

30 ml/2 žlici riževega vina ali suhega šerija

15 ml/1 žlica sezamovega olja

ščepec soli

Gobe in česen damo v cedilo, prelijemo z vrelo vodo in pustimo stati 3 minute. Odcedimo in dobro osušimo. Preostale sestavine zmešamo, z marinado prelijemo gobe in pustimo marinirati 1 uro.

kozice in cvetača

za 4 osebe

8 oz/225 g cvetov cvetače

100 g olupljenih kozic

15 ml/1 žlica sojine omake

5 ml/1 čajna žlička sezamovega olja

Cvetačo kuhajte približno 5 minut, dokler ni mehka, a še vedno hrustljava. Zmešamo s kozico, pokapljamo s sojino omako in sezamovim oljem ter premešamo. Pred serviranjem ohladite.

sezamove palčke šunke

za 4 osebe

225 g/8 oz šunke, narezane na trakove

10 ml/2 žlički sojine omake

2,5 ml/¬Ω c. sezamovo olje

Šunko razporedimo po krožniku. Zmešajte sojino omako in sezamovo olje, potresite po šunki in postrezite.

Hladen tofu

za 4 osebe

450 g/1 lb tofuja, narezanega
45 ml/3 žlice sojine omake
45 ml/3 žlice arašidovega olja
sveže mlet poper

Tofu, po nekaj rezin naenkrat, dajte v cedilo in ga za 40 sekund potopite v vrelo vodo, nato odcedite in položite na servirni krožnik. Naj se ohladi. Zmešamo sojino omako in olje, potresemo po tofuju in postrežemo posuto s poprom.

Piščanec s slanino

za 4 osebe

8 oz/225 g piščanca, zelo tanko narezanega
75 ml/5 žlic sojine omake
15 ml / 1 žlica riževega vina ali suhega šerija
1 strok česna, strt
15 ml / 1 žlica rjavega sladkorja
5 ml / 1 čajna žlička soli
5 ml/1 čajna žlička sesekljane korenine ingverja
225 g puste slanine, narezane na kocke
100 g/4 oz vodnega kostanja, zelo tanko narezanega
30 ml/2 žlici medu

Piščanca položite v skledo. Zmešajte 45 ml/3 žlice sojine omake z vinom ali šerijem, česnom, sladkorjem, soljo in ingverjem, prelijte piščanca in marinirajte približno 3 ure. Piščanca, slanino in kostanj nanizamo na nabodala za kebab. Preostalo sojino omako zmešajte z medom in s čopičem premažite nabodala. Pečemo (pečemo) na vročem žaru približno 10 minut, dokler niso pečeni, pri čemer jih pogosto obračamo in med kuhanjem premažemo z več preliva.

Piščanec in ocvrta banana

za 4 osebe

2 kuhani piščančji prsi
2 čvrsti banani
6 rezin kruha
4 jajca
120 ml/4 fl oz/¬Ω skodelice mleka
50 g/2 oz/¬Ω skodelica navadne moke (univerzalna)
225 g/8 oz/4 skodelice svežih drobtin
olje za cvrtje

Piščanca narežemo na 24 kosov. Banane olupimo in po dolžini narežemo na četrtine. Vsako četrtino razrežite na tretjine, da dobite 24 kosov. Kruhu odstranimo skorjo in ga narežemo na četrtine. Stepite jajca in mleko ter premažite eno stran kruha. Na vsak kos kruha na z jajcem obloženo stran položite kos piščanca in kos banane. Kvadratke rahlo potresemo z moko, nato jih premažemo z jajcem in potresemo z drobtinami. Ponovno pomočimo v jajce in drobtine. Segrejte olje in na njem zlato ocvrite po nekaj kvadratov. Pred serviranjem odcedite na vpojnem papirju.

Piščanec z ingverjem in gobami

za 4 osebe

225 g/8 oz filejev piščančjih prsi
5 ml/1 čajna žlička petih začimb v prahu
15 ml/1 žlica pšenične moke (za vse namene)
120 ml/4 fl oz/¬Ω skodelice arašidovega olja
4 šalotke, prerezane na pol
1 strok česna, narezan
1 rezina sesekljane korenine ingverja
25 g/1 oz/¬ skodelice indijskih oreščkov
5 ml / 1 čajna žlička medu
15 ml / 1 žlica riževe moke
75 ml/5 žlic riževega vina ali suhega šerija
100 g/4 oz gob, narezanih na četrtine
2,5 ml/¬Ω c. kurkuma
6 rumenih paprik prerezanih na pol
5 ml/1 čajna žlička sojine omake
¬Ω limonin sok
sol in poper
4 listi hrustljave solate

Piščančje prsi diagonalno narežemo na tanke trakove. Potresemo s petimi začimbami in rahlo potresemo z moko. Segrejte 15 ml/1 žlico olja in prepražite piščanca do zlate barve. Odstranite iz ponve. Segrejte nekaj oljčnega olja in na njem 1 minuto pražite šalotko, česen, ingver in indijske oreščke. Dodajte med in mešajte, dokler ni zelenjava prekrita. Potresemo z moko in vmešamo vino ali šeri. Dodamo gobe, žafran in papriko ter kuhamo 1 minuto. Dodajte piščanca, sojino omako, polovico limoninega soka, sol in poper ter segrejte. Odstranite iz ponve in hranite na toplem. Segrejemo še malo oljčnega olja, dodamo liste solate in jih na hitro prepražimo, začinimo s soljo, poprom in preostalim limetinim sokom. Solatne liste razporedimo po segretem krožniku, po njih razporedimo meso in zelenjavo ter postrežemo.

piščanec in šunka

za 4 osebe

8 oz/225 g piščanca, zelo tanko narezanega
75 ml/5 žlic sojine omake
15 ml / 1 žlica riževega vina ali suhega šerija
15 ml / 1 žlica rjavega sladkorja
5 ml/1 čajna žlička sesekljane korenine ingverja
1 strok česna, strt
225 g kuhane šunke, narezane na kocke
30 ml/2 žlici medu

Piščanca položite v skledo s 45 ml/3 žlice sojine omake, vina ali šerija, sladkorja, ingverja in česna. Pustite marinirati 3 ure. Piščanca in šunko nanizamo na nabodala za kebab. Preostalo sojino omako zmešajte z medom in s čopičem premažite nabodala. Pecite na vročem žaru približno 10 minut, pogosto obračajte in jih med pečenjem premažite z glazuro.

Piščančja jetra na žaru

za 4 osebe

450 g/1 lb piščančjih jeter
45 ml/3 žlice sojine omake
15 ml / 1 žlica riževega vina ali suhega šerija
15 ml / 1 žlica rjavega sladkorja
5 ml / 1 čajna žlička soli
5 ml/1 čajna žlička sesekljane korenine ingverja
1 strok česna, strt

Piščančja jetrca kuhamo v vreli vodi 2 minuti in dobro odcedimo. Postavite v skledo z vsemi preostalimi sestavinami razen oljčnega olja in pustite marinirati približno 3 ure. Piščančja jetrca nanizamo na nabodala za kebab in pečemo (pečemo) na segretem žaru približno 8 minut do zlato rjave barve.

Kroglice z vodnim kostanjem

za 4 osebe

450 g/1 lb mletega rakovega mesa

100 g vodnega kostanja, sesekljanega

1 strok česna, strt

1 cm/¬Ω narezana korenina ingverja, sesekljana

45 ml / 3 žlice koruzne moke (koruznega škroba)

30 ml/2 žlici sojine omake

15 ml / 1 žlica riževega vina ali suhega šerija

5 ml / 1 čajna žlička soli

5 ml/1 čajna žlička sladkorja

3 jajca, pretepena

olje za cvrtje

Zmešajte vse sestavine razen olja in oblikujte kroglice. Segrejte olje in na njem zlato ocvrite rakovice. Pred serviranjem dobro odcedimo.

dim vsota

za 4 osebe

100 g/4 oz olupljenih kozic, narezanih
225 g/8 oz puste svinjine, drobno sesekljane
50 g drobno sesekljanega kitajskega zelja
3 čebulice (drobnjak), sesekljane
1 jajce, pretepeno
30 ml/2 žlici koruznega škroba (koruznega škroba)
10 ml/2 žlički sojine omake
5 ml/1 čajna žlička sezamovega olja
5 ml/1 čajna žlička ostrigine omake
24 preoblek wonton
olje za cvrtje

Zmešajte kozice, svinjino, zelje in kapesota. Dodajte jajce, koruzni škrob, sojino omako, sezamovo olje in omako iz ostrig. Žlice mešanice položite na sredino vsake wonton kože. Zavitke nežno pritisnite okoli nadeva, tako da robove zbližate, vrhove pa pustite odprte. Segrejte olje in na njem po nekajkrat pražite dimlje, da zlato zarumenijo. Dobro odcedimo in vroče postrežemo.

Šunka in piščančji zvitki

za 4 osebe

2 piščančji prsi

1 strok česna, strt

2,5 ml/¬Ω cc soli

2,5 ml/¬Ω c. pet začimb v prahu

4 rezine kuhane šunke

1 jajce, pretepeno

30 ml/2 žlici mleka

1 oz/¬th skodelice/25 g navadne moke (univerzalne)

4 školjke spomladanskega zavitka

olje za cvrtje

Piščančje prsi prerežite na pol. Zmeljemo jih, dokler niso zelo fini. Zmešajte česen, sol in pet začimb v prahu ter potresite po piščancu. Na vsak kos piščanca položite rezino šunke in jo tesno zvijte. Zmešajte jajce in mleko. Kose piščanca rahlo potresemo z moko in pomakamo v jajčno zmes. Vsak kos položimo na pekač in robove premažemo s stepenim jajcem. Zložite ob straneh in zvijte, stisnite robove, da se zaprejo. Segrejte olje in pecite zvitke približno 5 minut do zlato rjave barve rjava in dobro izdelana. Odcedite na papirnati brisači in narežite na debele diagonalne rezine za serviranje.

Pečene torte s šunko

za 4 osebe

350 g/12 oz/3 skodelice navadne moke (univerzalne)
6 oz/¬œ skodelica/175 g masla
120 ml/4 fl oz/¬Ω skodelice vode
225 g sesekljane šunke
100 g/4 oz narezanih bambusovih poganjkov
2 glavici (drobnjak), sesekljan
15 ml/1 žlica sojine omake
30 ml/2 žlici sezamovih semen

V skledo stresemo moko in jo potresemo z maslom. Zmešajte vodo, da nastane pasta. Testo razvaljamo in izrežemo na 5cm/2 kroge. Zmešajte vse preostale sestavine razen sezamovih semen in jih dodajte v vsak krog. Robove testa namažite z vodo in tesno zaprite. Zunaj namažite z vodo in potresite s sezamovimi semeni. Pečemo v predhodno ogreti pečici na 180°C/350°F/termostat 4 30 minut.

Psevdo-dimljene ribe

za 4 osebe

1 brancin

3 rezine ingverjeve korenine, narezane na rezine

1 strok česna, strt

1 drobnjak (zelena čebula), narezan na debele rezine

75 ml/5 žlic sojine omake

30 ml/2 žlici riževega vina ali suhega šerija

2,5 ml/¬Ω c. mlet janež

2,5 ml/¬Ω c. sezamovo olje

10 ml/2 žlički sladkorja

120 ml/4 fl oz/¬Ω skodelice juhe

olje za cvrtje

5 ml/1 čajna žlička koruznega škroba (koruznega škroba)

Ribo obrežite in narežite na 5 mm debele rezine. Zmešajte ingver, česen, drobnjak, 60 ml/4 žlice sojine omake, šeri, janež in sezamovo olje. Prelijemo čez ribe in nežno premešamo. Pustite počivati 2 uri, občasno obrnite.

Marinado odlijemo v ponev in ribe osušimo na papirnatih brisačah. Dodajte sladkor, juho in preostalo sojino omako marinade, zavrite in kuhajte 1 minuto. Če želite omako zgostiti, zmešajte koruzni škrob z malo hladne vode, vmešajte v omako in med mešanjem kuhajte, dokler se omaka ne zgosti.

Medtem segrejemo olje in na njem zlato ocvremo ribe. Dobro posušite. Kose rib pomočimo v marinado in jih položimo na segret krožnik. Postrežemo toplo ali hladno.

polnjene gobe

za 4 osebe

12 velikih klobukov posušenih gob
225 g/8 oz rakovega mesa
3 sesekljani vodni kostanj
2 mladi čebuli (drobnjak), drobno sesekljan
1 beljak
15 ml/1 žlica koruznega škroba (koruznega škroba)
15 ml/1 žlica sojine omake
15 ml / 1 žlica riževega vina ali suhega šerija

Gobe čez noč namočimo v topli vodi. Stisnite, da se posuši. Zmešajte preostale sestavine in uporabite za polnjenje gobjih klobukov. Postavite na parno rešetko in kuhajte 40 minut. Postrezite toplo.

Gobe z ostrigovo omako

za 4 osebe

10 posušenih kitajskih gob
250 ml/8 oz/1 skodelica goveje juhe
15 ml/1 žlica koruznega škroba (koruznega škroba)
30 ml/2 žlici ostrigine omake
5 ml/1 čajna žlička riževega vina ali suhega šerija

Gobe namočite v topli vodi za 30 minut, nato jih odcedite in prihranite 1 skodelico/250 ml tekočine za namakanje. Zavrzite stebla. Zmešajte 60 ml/4 žlice goveje juhe s koruzno moko, da dobite pasto. Preostalo govejo juho z gobami in gobjim sokom zavremo, pokrijemo in pustimo vreti 20 minut. Gobe poberemo iz tekočine z rešetkasto žlico in jih postavimo na vročo ploščo. V ponev dodajte ostrigino omako in šeri ter med mešanjem kuhajte 2 minuti. Dodajte kašo iz koruznega škroba in kuhajte, mešajte, dokler se omaka ne zgosti. Prelijemo čez gobe in takoj postrežemo.

Svinjski zvitki in solata

za 4 osebe

4 posušene kitajske gobe
15 ml/1 žlica arašidovega olja
8 oz/225 g puste svinjine, sesekljane
100 g/4 oz narezanih bambusovih poganjkov
100 g vodnega kostanja, sesekljanega
4 čebulice (drobnjak), sesekljane
6 oz/175 g zdrobljenega rakovega mesa
30 ml/2 žlici riževega vina ali suhega šerija
15 ml/1 žlica sojine omake
10 ml/2 žlički ostrigine omake
10 ml/2 žlički sezamovega olja
9 kitajskih listov

Gobe za 30 minut namočimo v topli vodi in nato odcedimo. Zavrzite stebla in sesekljajte vrhove. Segrejte olje in pražite svinjino 5 minut. Dodamo gobe, bambusove poganjke, vodni kostanj, kapesota in rakovo meso ter pražimo 2 minuti. Zmešajte vino ali šeri, sojino omako, omako iz ostrig in sezamovo olje ter premešajte v ponev. Odstranite z ognja. Medtem kitajske liste blanširajte v vreli vodi 1 minuto in nato odtok. Na sredino vsakega lista položite žlice svinjske mešanice, prepognite ob straneh in zvijte za serviranje.

Svinjske in kostanjeve mesne kroglice

za 4 osebe

450 g/1 lb mlete svinjine (mlete)
2 oz/50 g gob, drobno narezanih
2 oz/50 g vodnega kostanja, drobno sesekljanega
1 strok česna, strt
1 jajce, pretepeno
30 ml/2 žlici sojine omake
15 ml / 1 žlica riževega vina ali suhega šerija
5 ml/1 čajna žlička sesekljane korenine ingverja
5 ml/1 čajna žlička sladkorja
sol
30 ml/2 žlici koruznega škroba (koruznega škroba)
olje za cvrtje

Zmešajte vse sestavine razen koruznega škroba in zmes oblikujte v majhne kroglice. Povaljamo v koruznem škrobu. Segrejte olje in pecite mesne kroglice približno 10 minut, da zlato porumenijo. Pred serviranjem dobro odcedimo.

Svinjski cmoki

Za 4–6

450 g/1 lb navadne moke (za vse namene)
500 ml/17oz/2 skodelici vode
450 g/1 lb kuhane svinjine, mlete
8 oz/225 g olupljenih kozic, narezanih
4 sesekljana stebla zelene
15 ml/1 žlica sojine omake
15 ml / 1 žlica riževega vina ali suhega šerija
15 ml/1 žlica sezamovega olja
5 ml / 1 čajna žlička soli
2 mladi čebuli (drobnjak), drobno sesekljan
2 stroka česna, zdrobljena
1 rezina sesekljane korenine ingverja

Mešajte moko in vodo, dokler ne dobite mehkega testa, ki ga dobro pregnetete. Pokrijte in pustite počivati 10 minut. Testo razvaljamo čim tanjše in izrežemo 5 cm/2 kroge. Zmešajte vse preostale sestavine. V vsak krog vlijemo po žlicah zmesi, navlažimo robove in zapremo v polkrog. Zavremo posodo z vodo in nežno spustimo mesne kroglice v vodo.

Svinjske in telečje polpete

za 4 osebe

100 g/4 oz mlete svinjine (mlete)
100 g/4 oz mlete teletine (sesekljane)
1 rezina sesekljane slanine (zmleta)
15 ml/1 žlica sojine omake
sol in poper
1 jajce, pretepeno
30 ml/2 žlici koruznega škroba (koruznega škroba)
olje za cvrtje

Dodamo mleto meso in slanino ter začinimo s soljo in poprom. Zavežemo z jajcem, oblikujemo kroglice v velikosti oreha in potresemo s koruznim škrobom. Olje segrejemo in zlato ocvremo. Pred serviranjem dobro odcedimo.

metuljasta kozica

za 4 osebe

450 g/1 lb velikih kozic, olupljenih
15 ml/1 žlica sojine omake
5 ml/1 čajna žlička riževega vina ali suhega šerija
5 ml/1 čajna žlička sesekljane korenine ingverja
2,5 ml/¬Ω cc soli
2 jajci, pretepeni
30 ml/2 žlici koruznega škroba (koruznega škroba)
15 ml/1 žlica pšenične moke (za vse namene)
olje za cvrtje

Kozice s hrbtne strani prerežemo na pol in jih razprostremo v obliko metulja. Zmešajte sojino omako, vino ali šeri, ingver in sol. Prelijemo čez kozico in pustimo marinirati 30 minut. Odstranite iz marinade in posušite. Jajce stepemo s koruznim škrobom in moko, dokler ne dobimo paste, v katero pomočimo kozico. Olje segrejemo in na njem zlato ocvremo kozice. Pred serviranjem dobro odcedimo.

kitajske kozice

za 4 osebe

450 g oluščenih kozic
30 ml/2 žlici Worcestershire omake
15 ml/1 žlica sojine omake
15 ml / 1 žlica riževega vina ali suhega šerija
15 ml / 1 žlica rjavega sladkorja

Kozico damo v skledo. Preostale sestavine zmešamo, prelijemo čez kozico in pustimo marinirati 30 minut. Prestavimo v pekač in pečemo v predhodno ogreti pečici na 150°C/300°F/termostat 2 25 minut. Postrezite vroče ali hladne v školjkah, da si lahko gostje sami naredijo školjke.

krekerji s kozicami

za 4 osebe

100 g/4 oz krekerjev s kozicami
olje za cvrtje

Olje segrejte do zelo vročega. Dodajte pest krekerjev s kozicami naenkrat in jih pražite nekaj sekund, da napihnejo. Odstranite iz olja in odcedite na papirnatih brisačah, medtem ko nadaljujete s cvrtjem piškotov.

Hrustljavi škampi

za 4 osebe

450 g tigrastih kozic brez lupine
15 ml / 1 žlica riževega vina ali suhega šerija
10 ml/2 žlički sojine omake
5 ml/1 čajna žlička petih začimb v prahu
sol in poper
90 ml/6 žlic koruzne moke (koruzni škrob)
2 jajci, pretepeni
100 g/4 oz krušnih drobtin
arašidovo olje za cvrtje

Kozico prelijemo z vinom ali šerijem, sojino omako in petimi začimbami v prahu ter začinimo s soljo in poprom. Obložimo jih s koruznim škrobom, nato pa še v stepenem jajcu in drobtinah. Pražite na vročem olju nekaj minut, da rahlo porjavi, odcedite in takoj postrezite.

Kozice z ingverjevo omako

za 4 osebe

15 ml/1 žlica sojine omake
5 ml/1 čajna žlička riževega vina ali suhega šerija
5 ml/1 čajna žlička sezamovega olja
450 g/1 lb olupljenih kozic
30 ml/2 žlici sesekljanega svežega peteršilja
15 ml / 1 žlica vinskega kisa
5 ml/1 čajna žlička sesekljane korenine ingverja

Zmešajte sojino omako, vino ali šeri in sezamovo olje. Prelijemo čez kozico, pokrijemo in pustimo marinirati 30 minut. Kozice nekaj minut pečemo na žaru, dokler niso dobro pečene, in jih premažemo z marinado. Medtem zmešamo peteršilj, vinski kis in ingver, ki jih postrežemo h kozici.

Zvitki s kozicami in testeninami

za 4 osebe

50 g jajčnih rezancev, nalomljenih na koščke
15 ml/1 žlica arašidovega olja
50 g/2 oz puste svinjine, drobno sesekljane
100 g/4 oz sesekljanih gob
3 čebulice (drobnjak), sesekljane
100 g/4 oz olupljenih kozic, narezanih
15 ml / 1 žlica riževega vina ali suhega šerija
sol in poper
24 preoblek wonton
1 jajce, pretepeno
olje za cvrtje

Testenine kuhamo v vreli vodi 5 minut, odcedimo in nasekljamo. Segrejte olje in pražite svinjino 4 minute. Dodamo gobe in čebulo ter pražimo 2 minuti in odstavimo z ognja. Zmešajte kozice, vino ali šeri in testenine ter po okusu začinite s soljo in poprom. Na sredino vsakega wontona dajajte žlice zmesi in robove namažite s stepenim jajcem. Zavihajte robove in zvijte zavitke, robove zalepite. Segrejemo olje in spečemo zvitke nekaj naenkrat približno 5 minut do zlate barve. Pred serviranjem odcedite na vpojnem papirju.

Toast s kozicami

za 4 osebe

2 jajci 450 g/1 lb oluščenih kozic, sesekljanih
15 ml/1 žlica koruznega škroba (koruznega škroba)
1 čebula, drobno sesekljana
30 ml/2 žlici sojine omake
15 ml / 1 žlica riževega vina ali suhega šerija
5 ml / 1 čajna žlička soli
5 ml/1 čajna žlička sesekljane korenine ingverja
8 rezin kruha, narezanih na trikotnike
olje za cvrtje

1 jajce zmešajte z vsemi preostalimi sestavinami razen kruha in olja. Zmes prelijemo čez kruhove trikotnike in stisnemo v kupolasto obliko. Premažite s preostalim jajcem. Segrejemo približno 5 cm olja in zlato ocvremo kruhove trikotnike. Pred serviranjem dobro odcedimo.

Wonton iz svinjine in kozic s sladko-kislo omako

za 4 osebe

120 ml/4 fl oz/¬Ω skodelice vode

60 ml/4 žlice vinskega kisa

60 ml/4 žlice rjavega sladkorja

30 ml/2 žlici paradižnikove mezge (pasta)

10 ml/2 žlički koruznega škroba (koruznega škroba)

25 g/1 oz gob, sesekljanih

25 g/1 oz oluščenih kozic, narezanih

50 g puste svinjine, mlete

2 glavici (drobnjak), sesekljan

5 ml/1 čajna žlička sojine omake

2,5 ml/¬Ω c. naribana korenina ingverja

1 strok česna, strt

24 preoblek wonton

olje za cvrtje

V majhni ponvi zmešajte vodo, vinski kis, sladkor, paradižnikovo mezgo in koruzni škrob. Ob stalnem mešanju zavremo in kuhamo 1 minuto. Odstranite z ognja in hranite na toplem.

Zmešajte gobe, kozice, svinjino, mlado čebulo, sojino omako, ingver in česen. Na vsako kožo položite žlice nadeva, robove namažite z vodo in pritisnite, da se zaprejo. Segrejte olje in pražite wontončke po nekaj naenkrat do zlato rjave barve. Odcedimo na papirnati brisači in vroče postrežemo s sladko-kislo omako.

piščančja juha

Naredi 2 litra/3½ qts/8½ skodelic

2 lbs/1,5 kg kuhanih ali surovih piščančjih kosti
450 g/1 funt svinjskih kosti
1 cm / ½ kosa korenine ingverja
3 narezane kapestose
1 strok česna, strt
5 ml / 1 čajna žlička soli
2,25 litra/4 qts/10 skodelic vode

Vse sestavine zavremo, pokrijemo in kuhamo 15 minut. Odstranite morebitno maščobo. Pokrijte in kuhajte 1 1/2 ure. Filtrirajte, ohladite in odcedite. Manjše količine zamrznite ali shranite v hladilniku in porabite v 2 dneh.

Fižolova juha in svinjska juha

za 4 osebe

450 g/1 lb na kocke narezane svinjine

2½ qt./6 skodelic/1,5 l piščančje juhe

5 rezin ingverjeve korenine

350 g/12 oz fižolovih kalčkov

15 ml/1 žlica soli

Svinjino blanširajte v vreli vodi 10 minut, nato odcedite. Zavremo juho in dodamo svinjino ter ingver. Pokrijte in kuhajte 50 minut. Dodamo fižolove kalčke in sol ter kuhamo 20 minut.

Uho in gobova juha

za 4 osebe

60 ml/4 žlice arašidovega olja
100 g/4 oz puste svinjine, narezane na trakove
8 oz/225 g konzerviranega abalona, narezanega na trakove
100 g/4 oz narezanih gob
2 stebli zelene, narezani
50 g/2 oz šunke, narezane na trakove
2 čebuli, narezani
2½ d./6 skodelic/1,5 l vode
30 ml/2 žlici vinskega kisa
45 ml/3 žlice sojine omake
2 rezini sesekljane korenine ingverja
sol in sveže mlet poper
15 ml/1 žlica koruznega škroba (koruznega škroba)
45 ml / 3 žlice vode

Segrejte olje in na njem 8 minut pražite svinjino, abalone, gobe, zeleno, šunko in čebulo. Dodamo vodo in vinski kis, zavremo, pokrijemo in kuhamo 20 minut. Dodajte sojino omako, ingver, sol in poper. Zmešajte koruzni škrob v pasto z vode vmešamo v juho in med mešanjem kuhamo 5 minut, da juha posvetli in se zgosti.

Juha s piščancem in šparglji

za 4 osebe

100 g/4 oz piščanca, narezanega
2 beljaka
2,5 ml/½ čajne žličke soli
30 ml/2 žlici koruznega škroba (koruznega škroba)
225 g špargljev, narezanih na 5 cm velike kose
100g/4oz fižolovih kalčkov
2½ qt./6 skodelic/1,5 l piščančje juhe
100 g gob

Piščancu primešamo beljake, sol in koruzni škrob ter pustimo počivati 30 minut. Piščanca kuhajte v vreli vodi približno 10 minut, dokler ni kuhan, in ga dobro odcedite. Šparglje blanširajte v vreli vodi 2 minuti, nato jih odcedite. Fižolove kalčke blanširajte v vreli vodi 3 minute, nato jih odcedite. V večji lonec nalijemo juho in dodamo piščanca, šparglje, gobe in fižolove kalčke. Zavremo in po okusu začinimo s soljo. Kuhajte nekaj minut, da se okusi razvijejo in dokler zelenjava ni mehka, a še vedno hrustljava.

mesna juha

za 4 osebe

225 g/8 oz mlete govedine (mlete)
15 ml/1 žlica sojine omake
15 ml / 1 žlica riževega vina ali suhega šerija
15 ml/1 žlica koruznega škroba (koruznega škroba)
2 qts/5 skodelic/1,2 l piščančje juhe
5 ml/1 čajna žlička čilijeve omake
sol in poper
2 jajci, pretepeni
6 čebulic (drobnjak), sesekljan

Meso zmešajte s sojino omako, vinom ali šerijem in koruznim škrobom. Dodamo juhi in med mešanjem postopoma zavremo. Dodajte omako iz rdečega fižola in po okusu začinite s soljo in poprom, pokrijte in med občasnim mešanjem kuhajte približno 10 minut. Jajca vmešamo in postrežemo posuto z drobnjakom.

Kitajska juha z govedino in listi

za 4 osebe

200g/7oz puste govedine, narezane na trakove
15 ml/1 žlica sojine omake
15 ml/1 žlica arašidovega olja
2½ qt./6 skodelic/1,5 l goveje juhe
5 ml / 1 čajna žlička soli
2,5 ml/½ čajne žličke sladkorja
½ glave kitajskih listov, narezanih na koščke

Meso zmešajte s sojino omako in oljem ter pustite marinirati 30 minut, občasno premešajte. Juho s soljo in sladkorjem zavremo, dodamo kitajske liste in kuhamo približno 10 minut, dokler niso skoraj kuhane. Dodamo meso in kuhamo še 5 minut.

Ohrovtova juha

za 4 osebe

60 ml/4 žlice arašidovega olja

2 sesekljani čebuli

100 g/4 oz puste svinjine, narezane na trakove

225 g kitajskega zelja, sesekljanega

10 ml/2 žlički sladkorja

2 qts/5 skodelic/1,2 l piščančje juhe

45 ml/3 žlice sojine omake

sol in poper

15 ml/1 žlica koruznega škroba (koruznega škroba)

Segrejte olje in na njem prepražite čebulo in svinjino, da rahlo porjavita. Dodamo zelje in sladkor ter pražimo 5 minut. Dodajte juho in sojino omako ter po okusu začinite s soljo in poprom. Zavremo, pokrijemo in pustimo vreti 20 minut. Koruzni škrob zmešamo z malo vode, dodamo juhi in med mešanjem kuhamo toliko časa, da se juha zgosti in posvetli.

Pekoča goveja juha

za 4 osebe

45 ml/3 žlice arašidovega olja

1 strok česna, strt

5 ml / 1 čajna žlička soli

225 g/8 oz mlete govedine (mlete)

6 mladih čebulic (glave čebule), narezanih na trakove

1 rdeča paprika, narezana na trakove

1 zelena paprika, narezana na trakove

225 g/8 oz zelja, sesekljanega

1¾ skodelice/1 l/4¼ skodelice goveje juhe

30 ml/2 žlici slivove omake

30 ml/2 žlici hoisin omake

45 ml/3 žlice sojine omake

2 kosa stebla ingverja, sesekljana

2 jajci

5 ml/1 čajna žlička sezamovega olja

225 g čistih rezancev, namočenih

Segrejte olivno olje in na njem prepražite česen in sol, da rahlo porjavi. Dodamo meso in ga na hitro zapečemo. Dodamo zelenjavo in pražimo, dokler ne postekleni. Dodajte juho, slivovo omako, hoisin omako, 2/30 ml

žlico sojine omake in ingverja, zavrite in kuhajte 10 minut. Jajca stepemo s sezamovim oljem in preostalo sojino omako. Dodajte juhi z rezanci in med mešanjem kuhajte, dokler se jajca ne zmehčajo in rezanci ne zmehčajo.

rajska juha

za 4 osebe

2 glavici (drobnjak), sesekljan

1 strok česna, strt

30 ml/2 žlici sesekljanega svežega peteršilja

5 ml / 1 čajna žlička soli

15 ml/1 žlica arašidovega olja

30 ml/2 žlici sojine omake

2½ d./6 skodelic/1,5 l vode

Zmešajte drobnjak, česen, peteršilj, sol, olje in sojino omako. Zavremo vodo, prelijemo mešanico drobnjaka in pustimo stati 3 minute.

Juha s piščancem in bambusovimi strelci

za 4 osebe

2 piščančja bedra
30 ml/2 žlici arašidovega olja
5 ml/1 čajna žlička riževega vina ali suhega šerija
2½ qt./6 skodelic/1,5 l piščančje juhe
3 drobnjak, narezan
100 g/4 oz bambusovih poganjkov, narezanih na koščke
5 ml/1 čajna žlička sesekljane korenine ingverja
sol

Piščanca razkoščičimo in meso narežemo na kose. Segrejte olje in popecite piščanca z vseh strani, da se zapre. Dodajte juho, mlado čebulo, bambusove poganjke in ingver, zavrite in kuhajte približno 20 minut, dokler se piščanec ne zmehča. Pred serviranjem po okusu začinite s soljo.

Piščančja in koruzna juha

za 4 osebe

1¾ skodelice/1 l/4¼ skodelice piščančje juhe

100 g/4 oz piščanca, sesekljanega

200 g sladke koruze v smetani

rezina šunke, sesekljana

stepena jajca

15 ml / 1 žlica riževega vina ali suhega šerija

Juho in piščanca zavremo, pokrijemo in pustimo vreti 15 minut. Dodamo koruzo in šunko, pokrijemo in kuhamo 5 minut. Dodajte jajca in šeri ter počasi mešajte s palčko, da jajca oblikujejo vrvice. Odstranite z ognja, pokrijte in pustite počivati 3 minute, preden postrežete.

Juha s piščancem in ingverjem

za 4 osebe

4 posušene kitajske gobe
2½ pts/6 skodelic/1,5 l vode ali piščančje juhe
225 g/8 oz piščančjega mesa, narezanega na kocke
10 rezin ingverjeve korenine
5 ml/1 čajna žlička riževega vina ali suhega šerija
sol

Gobe za 30 minut namočimo v topli vodi in nato odcedimo. Zavrzite stebla. Zavremo vodo ali juho s preostalimi sestavinami in na majhnem ognju kuhamo približno 20 minut, dokler ni piščanec kuhan.

Piščančja juha s kitajskimi gobami

za 4 osebe

25 g/1 oz posušenih kitajskih gob
100 g/4 oz piščanca, narezanega
50 g bambusovih poganjkov, narezanih
30 ml/2 žlici sojine omake
30 ml/2 žlici riževega vina ali suhega šerija
2 qts/5 skodelic/1,2 l piščančje juhe

Gobe za 30 minut namočimo v topli vodi in nato odcedimo. Zavrzite stebla in odrežite vrhove. Gobe, piščanca in bambusove poganjke blanširajte v vreli vodi 30 sekund, nato jih odcedite. Postavite jih v skledo in vmešajte sojino omako in vino ali šeri. Pustite marinirati 1 uro. Zavremo juho, dodamo mešanico piščanca in marinado. Dobro premešamo in kuhamo nekaj minut, dokler ni piščanec pečen.

Piščančja in riževa juha

za 4 osebe

1¾ skodelice/1 l/4¼ skodelice piščančje juhe

225 g/8 oz/1 skodelica kuhanega dolgozrnatega riža

100 g kuhanega piščanca, narezanega na trakove

1 čebula, narezana na četrtine

5 ml/1 čajna žlička sojine omake

Vse sestavine skupaj rahlo segrevajte do vročih, ne da bi juha zavrela.

Piščančja in kokosova juha

za 4 osebe

350g/12oz piščančjih prsi
sol
10 ml/2 žlički koruznega škroba (koruznega škroba)
30 ml/2 žlici arašidovega olja
1 zelen čili, sesekljan
1¾ pts./4¼ skodelice kokosovega mleka
5 ml/1 čajna žlička limonine lupinice
12 ličijev
ščepec naribanega muškatnega oreščka
sol in sveže mlet poper
2 lista melise

Piščančje prsi diagonalno narežemo na trakove. Potresemo s soljo in potresemo s koruznim škrobom. V voku segrejte 2 žlički/10 ml olja, premešajte in prelijte. Ponovi še enkrat. Segrejte preostalo olje in pražite piščanca in poper 1 minuto. Dodamo kokosovo mleko in zavremo. Dodamo limonino lupinico in kuhamo 5 minut. Dodamo liči, začinimo z muškatnim oreščkom, soljo in poprom ter postrežemo okrašeno z meliso.

juha iz školjk

za 4 osebe

2 posušeni kitajski gobi
12 školjk, namočenih in skrtačenih
2½ qt./6 skodelic/1,5 l piščančje juhe
50 g bambusovih poganjkov, narezanih
50 g graha, prepolovljenega
2 kapesato (glava čebula), narezana na rezine
15 ml / 1 žlica riževega vina ali suhega šerija
ščepec sveže mletega popra

Gobe za 30 minut namočimo v topli vodi in nato odcedimo. Zavrzite stebla in prerežite vrhove na pol. Školjke kuhajte približno 5 minut, dokler se ne odprejo; zavrzite vse, kar ostane neodprto. Školjke odstranite iz lupin. Zavremo juho in dodamo gobe, bambusove poganjke, baziliko in drobnjak. Kuhajte nepokrito 2 minuti. Dodajte školjke, vino ali šeri in poper ter kuhajte, dokler se ne segreje.

jajčna juha

za 4 osebe

2 qts/5 skodelic/1,2 l piščančje juhe
3 jajca, pretepena
45 ml/3 žlice sojine omake
sol in sveže mlet poper
4 kapesato (glava čebula), narezana

Juho zavremo. Postopoma dodajajte stepena jajca in mešajte, da se ločijo na nitke. Primešajte sojino omako in po okusu začinite s soljo in poprom. Postrežemo okrašeno z drobnjakom.

Juha iz rakov in pokrovač

za 4 osebe

4 posušene kitajske gobe

15 ml/1 žlica arašidovega olja

1 jajce, pretepeno

2½ qt./6 skodelic/1,5 l piščančje juhe

6 oz/175 g zdrobljenega rakovega mesa

100 g oluščenih pokrovač, narezanih

100 g/4 oz bambusovih poganjkov, narezanih

2 glavici (drobnjak), sesekljan

1 rezina sesekljane korenine ingverja

nekaj kuhanih kozic brez lupine (neobvezno)

45 ml / 3 žlice koruzne moke (koruznega škroba)

90 ml / 6 žlic vode

30 ml/2 žlici riževega vina ali suhega šerija

20 ml/4 žličke sojine omake

2 beljaka

Gobe za 30 minut namočimo v topli vodi in nato odcedimo. Pece zavržemo, klobuke pa narežemo na tanke rezine. Segrejemo olje, dodamo jajce in ponev nagnemo tako, da jajce pokrije dno. Kuhajte dokler obrnemo in spečemo še drugo stran. Odstranite iz pekača, zvijte in narežite na tanke trakove.

Zavremo juho, dodamo gobe, jajčne lističe, rakovo meso, pokrovače, bambusove poganjke, čebulo, ingver in po želji kozice. Ponovno naj zavre. Koruzno moko zmešajte s 4 žlicami/60 ml vode, vinom ali šerijem in sojino omako ter vmešajte v juho. Ob stalnem mešanju kuhamo toliko časa, da se juha zgosti. Beljake stepemo s preostalo vodo in zmes med močnim mešanjem počasi vlijemo v juho.

rakova juha

za 4 osebe

90 ml/6 žlic arašidovega olja
3 sesekljane čebule
225 g/8 oz mesa belega in rjavega raka
1 rezina sesekljane korenine ingverja
2 qts/5 skodelic/1,2 l piščančje juhe
¼pt/150 ml/skodelica riževega vina ali suhega šerija
45 ml/3 žlice sojine omake
sol in sveže mlet poper

Segrejte olje in na njem prepražite čebulo, da se zmehča, vendar ne porjavi. Dodajte rakovo meso in ingver ter pražite 5 minut. Dodajte juho, vino ali šeri in sojino omako, sol in poper. Zavremo in nato kuhamo 5 minut.

ribja juha

za 4 osebe

225 g/8 oz ribjih filejev

1 rezina sesekljane korenine ingverja

15 ml / 1 žlica riževega vina ali suhega šerija

30 ml/2 žlici arašidovega olja

2½ pts/1,5 l/6 skodelic ribje osnove

Ribo narežite na tanke trakove proti zrnu. Zmešajte ingver, vino ali šeri in olivno olje, dodajte ribe in nežno premešajte. Pustite, da se marinira 30 minut, občasno obrnite. Juho zavremo, dodamo ribe in kuhamo na majhnem ognju 3 minute.

Ribja in solatna juha

za 4 osebe

225 g/8 oz filejev bele ribe

30 ml/2 žlici pšenične moke (za vse namene)

sol in sveže mlet poper

90 ml/6 žlic arašidovega olja

6 narezanih glavic (čestov).

100 g/4 oz zelene solate, narezane

2 kozarca/5 skodelic/1,2 l vode

10 ml/2 žlički drobno sesekljane korenine ingverja

150 ml / ¼ pt / velikodušno ½ skodelice riževega vina ali suhega šerija

30 ml/2 žlici koruznega škroba (koruznega škroba)

30 ml/2 žlici sesekljanega svežega peteršilja

10 ml/2 čajni žlički limoninega soka

30 ml/2 žlici sojine omake

Ribo narežemo na tanke trakove in zmešamo z začinjeno moko. Segrejte olivno olje in na njem prepražite mlado čebulo do mehkega. Dodamo solato in pražimo 2 minuti. Dodajte ribe in kuhajte 4 minute. Dodajte vodo, ingver in vino ali šeri, zavrite, pokrijte in kuhajte 5 minut. Koruzni škrob zmešamo z malo vode in dodamo juhi. Med mešanjem kuhajte še 4 minute, dokler se juha ne zmehča

posvetlite in začinite s soljo in poprom. Postrezite posuto s peteršiljem, limoninim sokom in sojino omako.

Ingverjeva juha s cmoki

za 4 osebe

5 cm/2 v kosu naribane korenine ingverja

350 g/12 oz rjavega sladkorja

2½ pts/1,5 l/7 skodelic vode

225 g/8 oz/2 skodelici riževe moke

2,5 ml/½ čajne žličke soli

60 ml / 4 žlice vode

V ponev damo ingver, sladkor in vodo ter med nenehnim mešanjem segrevamo. Pokrijte in kuhajte približno 20 minut. Juho precedimo in vrnemo v ponev.

Medtem v skledo damo moko in sol ter počasi zgnetemo z toliko vode, da nastane gosto testo. Zvaljajte v majhne kroglice in jih spustite v juho. Juho ponovno zavremo, pokrijemo in kuhamo še 6 minut, da se cmoki skuhajo.

Vroča in kisla juha

za 4 osebe

8 posušenih kitajskih gob
1¾ skodelice/1 l/4¼ skodelice piščančje juhe
100 g piščanca, narezanega na trakove
100g/4oz bambusovih poganjkov, narezanih na trakove
100 g/4 oz tofuja, narezanega na trakove
15 ml/1 žlica sojine omake
30 ml/2 žlici vinskega kisa
30 ml/2 žlici koruznega škroba (koruznega škroba)
2 jajci, pretepeni
nekaj kapljic sezamovega olja

Gobe za 30 minut namočimo v topli vodi in nato odcedimo. Stebla zavrzite, vrhove pa narežite na trakove. Gobe, juho, piščanca, bambusove poganjke in tofu zavrite, pokrijte in pustite vreti 10 minut. Sojino omako, vinski kis in koruzni škrob zmešajte v gladko pasto, vmešajte v juho in kuhajte 2 minuti, da juha postekleni. Počasi dodajte jajca in sezamovo olje ter mešajte s palčko. Pokrijte in pustite počivati 2 minuti, preden postrežete.

Gobova juha

za 4 osebe

15 posušenih kitajskih gob
2½ qt./6 skodelic/1,5 l piščančje juhe
5 ml / 1 čajna žlička soli

Gobe za 30 minut namočite v topli vodi in jih odcedite, tekočino pa prihranite. Zavrzite stebla in prerežite vrhove na pol, če so veliki, in jih položite v veliko toplotno odporno skledo. Skledo postavite na rešetko v kuhalniku za paro. Juho zavremo, prelijemo gobe, pokrijemo in kuhamo 1 uro v vreli vodi. Po okusu začinimo s soljo in postrežemo.

Gobova in zeljna juha

za 4 osebe

25 g/1 oz posušenih kitajskih gob
15 ml/1 žlica arašidovega olja
2 oz/50 g kitajskih listov, sesekljanih
15 ml / 1 žlica riževega vina ali suhega šerija
15 ml/1 žlica sojine omake
2 qts/5 skodelic/1,2 l piščančje ali zelenjavne juhe
sol in sveže mlet poper
5 ml/1 čajna žlička sezamovega olja

Gobe za 30 minut namočimo v topli vodi in nato odcedimo. Zavrzite stebla in odrežite vrhove. Segrejte olivno olje in pražite gobe in kitajske liste 2 minuti, dokler niso dobro prevlečeni. Vmešajte vino ali šeri in sojino omako, nato dodajte juho. Zavremo, po okusu začinimo s soljo in poprom ter kuhamo 5 minut. Pred serviranjem pokapajte s sezamovim oljem.

Jajčna juha z gobami

za 4 osebe

1¾ skodelice/1 l/4¼ skodelice piščančje juhe
30 ml/2 žlici koruznega škroba (koruznega škroba)
100 g/4 oz narezanih gob
1 rezina čebule, drobno sesekljane
ščepec soli
3 kapljice sezamovega olja
2,5 ml/½ čajne žličke sojine omake
1 jajce, pretepeno

Zmešajte malo juhe s koruznim škrobom in zmešajte vse sestavine razen jajca. Zavremo, pokrijemo in kuhamo 5 minut. Dodamo jajce in mešamo s palčko, da jajce oblikuje vrvice. Odstranite z ognja in pustite počivati 2 minuti, preden postrežete.

Gobova in kostanjeva juha

za 4 osebe

1¾ skodelice/1 l/4¼ skodelice zelenjavne juhe ali vode
2 čebuli, drobno sesekljani
5 ml/1 čajna žlička riževega vina ali suhega šerija
30 ml/2 žlici sojine omake
225 g gob
100 g/4 oz vodnega kostanja, narezanega
100 g/4 oz bambusovih poganjkov, narezanih
nekaj kapljic sezamovega olja
2 lista zelene solate, narezana na koščke
2 glavici (drobnjak), narezani na koščke

Zavremo vodo, čebulo, vino ali šeri in sojino omako, pokrijemo in pustimo vreti 10 minut. Dodajte gobe, vodni kostanj in bambusove poganjke, pokrijte in kuhajte 5 minut. Dodamo sezamovo olje, liste zelene solate in mlado čebulo, odstavimo z ognja, pokrijemo in pustimo počivati 1 minuto, preden postrežemo.

Svinjska in gobova juha

za 4 osebe

60 ml/4 žlice arašidovega olja
1 strok česna, strt
2 čebuli, narezani
225 g puste svinjine, narezane na trakove
1 steblo zelene, sesekljano
2 oz/50 g gob, narezanih
2 korenja, narezana na rezine
2 pts/5 skodelic/1,2 l goveje juhe
15 ml/1 žlica sojine omake
sol in sveže mlet poper
15 ml/1 žlica koruznega škroba (koruznega škroba)

Segrejte oljčno olje in na njem prepražite česen, čebulo in svinjino, dokler se čebula ne zmehča in rahlo porjavi. Dodamo zeleno, gobe in korenje, pokrijemo in dušimo 10 minut. Juho zavremo, nato jo dodamo v ponev s sojino omako in po okusu začinimo s soljo in poprom. Koruzni škrob zmešamo z malo vode, vlijemo v ponev in med mešanjem kuhamo približno 5 minut.

Juha iz svinjine in vodne kreše

za 4 osebe

2½ qt./6 skodelic/1,5 l piščančje juhe
100 g/4 oz puste svinjine, narezane na trakove
3 stebla zelene, prerezana diagonalno
2 kapesato (glava čebula), narezana na rezine
1 šopek vodne kreše
5 ml / 1 čajna žlička soli

Juho zavremo, dodamo svinjino in zeleno, pokrijemo in pustimo vreti 15 minut. Dodajte mlado čebulo, vodno krešo in sol ter kuhajte nepokrito približno 4 minute.

Svinjska in kumarična juha

za 4 osebe

100 g/4 oz puste svinjine, narezane na tanke rezine
5 ml/1 čajna žlička koruznega škroba (koruznega škroba)
15 ml/1 žlica sojine omake
15 ml / 1 žlica riževega vina ali suhega šerija
1 kumara
2½ qt./6 skodelic/1,5 l piščančje juhe
5 ml / 1 čajna žlička soli

Zmešajte svinjino, koruzni škrob, sojino omako in vino ali šeri. Premešajte, da se svinjina prekrije. Kumaro olupimo in po dolžini prerežemo na pol, nato ji odstranimo semena. Debel rez. Juho zavremo, dodamo svinjino, pokrijemo in pustimo vreti 10 minut. Dodamo kumaro in kuhamo nekaj minut, da postekleni. Prilagodite sol in po želji dodajte še malo sojine omake.

Juha s svinjskimi kroglicami in rezanci

za 4 osebe

50 g/2 oz riževih rezancev
225 g/8 oz mlete svinjine (sesekljane)
5 ml/1 čajna žlička koruznega škroba (koruznega škroba)
2,5 ml/½ čajne žličke soli
30 ml / 2 žlici vode
2½ qt./6 skodelic/1,5 l piščančje juhe
1 drobnjak (zelena čebula), drobno sesekljan
5 ml/1 čajna žlička sojine omake

Testenine postavite v hladno vodo, da se namakajo, medtem ko pripravljate mesne kroglice. Svinjino zmešamo, koruzni škrob, malo soli in vodo ter oblikujemo kroglice v velikosti oreha. Zavremo posodo z vodo, dodamo svinjske mesne kroglice, pokrijemo in kuhamo 5 minut. Dobro odcedimo in odcedimo testenine. Juho zavremo, dodamo svinjske polpete in testenine, pokrijemo in kuhamo 5 minut. Dodajte mlado čebulo, sojino omako in preostalo sol ter kuhajte še 2 minuti.

Juha s špinačo in tofujem

za 4 osebe

2 qts/5 skodelic/1,2 l piščančje juhe

200 g paradižnika iz pločevinke, odcejenega in narezanega

225 g tofuja, narezanega na kocke

225 g sesekljane špinače

30 ml/2 žlici sojine omake

5 ml/1 čajna žlička rjavega sladkorja

sol in sveže mlet poper

Zavremo juho in dodamo paradižnik, tofu in špinačo ter nežno premešamo. Vrnite na ogenj in kuhajte 5 minut. Dodamo sojino omako in sladkor ter po okusu začinimo s soljo in poprom. Pred serviranjem pustite vreti 1 minuto.

Koruzna in rakova juha

za 4 osebe

2 qts/5 skodelic/1,2 l piščančje juhe
200 g/7 oz sladke koruze
sol in sveže mlet poper
1 jajce, pretepeno
7 oz/200 g rakovega mesa, zdrobljenega
3 sesekljane šalotke

Juho zavremo, dodamo sladko koruzo ter začinimo s soljo in poprom. Dušimo 5 minut. Tik preden postrežemo, jajca z vilicami prepikamo in premešamo po juhi. Postrezite potreseno z rakovim mesom in sesekljano šalotko.

Sečuanska juha

za 4 osebe

4 posušene kitajske gobe
2½ qt./6 skodelic/1,5 l piščančje juhe
75 ml/5 žlic suhega belega vina
15 ml/1 žlica sojine omake
2,5 ml/½ čajne žličke pekoče omake
30 ml/2 žlici koruznega škroba (koruznega škroba)
60 ml / 4 žlice vode
100 g/4 oz puste svinjine, narezane na trakove
50 g kuhane šunke, narezane na trakove
1 rdeča paprika, narezana na trakove
2 oz/50 g vodnega kostanja, narezanega
10 ml/2 žlički vinskega kisa
5 ml/1 čajna žlička sezamovega olja
1 jajce, pretepeno
100 g olupljenih kozic
6 čebulic (drobnjak), sesekljan
6 oz/175 g tofuja, narezanega na kocke

Gobe za 30 minut namočimo v topli vodi in nato odcedimo. Zavrzite stebla in odrežite vrhove. Prinesi juho, vino, sojo omako in čili omako zavremo, pokrijemo in kuhamo 5 minut. Koruzni škrob zmešajte s polovico vode in vmešajte v juho ter mešajte, dokler se juha ne zgosti. Dodamo gobe, svinjino, šunko, papriko in vodni kostanj ter kuhamo 5 minut. Zmešajte vinski kis in sezamovo olje. Jajce stepemo s preostalo vodo in vlijemo v juho, močno mešamo. Dodajte kozice, mlado čebulo in tofu ter kuhajte nekaj minut, da se segreje.

tofu juha

za 4 osebe

2½ qt./6 skodelic/1,5 l piščančje juhe
225 g tofuja, narezanega na kocke
5 ml / 1 čajna žlička soli
5 ml/1 čajna žlička sojine omake

Zavremo juho in dodamo tofu, sol in sojino omako. Kuhajte nekaj minut, dokler se tofu ne segreje.

Tofu in ribja juha

za 4 osebe

8 oz/225 g filejev bele ribe, narezanih na trakove
150 ml / ¼ pt / velikodušno ½ skodelice riževega vina ali suhega šerija
10 ml/2 žlički drobno sesekljane korenine ingverja
45 ml/3 žlice sojine omake
2,5 ml/½ čajne žličke soli
60 ml/4 žlice arašidovega olja
2 sesekljani čebuli
100 g/4 oz narezanih gob
2 qts/5 skodelic/1,2 l piščančje juhe
100 g/4 oz tofuja, narezanega na kocke
sol in sveže mlet poper

Ribe položite v skledo. Zmešajte vino ali šeri, ingver, sojino omako in sol ter prelijte ribe. Pustite, da se marinira 30 minut. Segrejte olje in na njem pražite čebulo 2 minuti. Dodamo gobe in še naprej pražimo, dokler se čebula ne zmehča, vendar ne porjavi. Dodajte ribe in marinado, zavrite, pokrijte in kuhajte 5 minut. Prilijemo juho, zavremo, pokrijemo in pustimo vreti 15 minut. Dodajte tofu in po okusu začinite s soljo in poprom. Pražite, dokler tofu ni kuhan.

Paradižnikova juha

za 4 osebe

400 g/14 oz paradižnikov v pločevinkah, odcejenih in narezanih
2 qts/5 skodelic/1,2 l piščančje juhe
1 rezina sesekljane korenine ingverja
15 ml/1 žlica sojine omake
15 ml / 1 žlica čilijeve omake
10 ml/2 žlički sladkorja

Vse sestavine damo v ponev in med občasnim mešanjem počasi segrevamo. Pred serviranjem kuhajte približno 10 minut.

Paradižnikova in špinačna juha

za 4 osebe

2 qts/5 skodelic/1,2 l piščančje juhe

8 oz/225 g narezanih paradižnikov v pločevinkah

225 g tofuja, narezanega na kocke

225 g/8 oz špinače

30 ml/2 žlici sojine omake

sol in sveže mlet poper

2,5 ml/½ čajne žličke sladkorja

½ čajne žličke/2,5 ml riževega vina ali suhega šerija

Juho zavremo, dodamo paradižnik, tofu in špinačo ter kuhamo 2 minuti. Dodajte ostale sestavine in kuhajte 2 minuti, dobro premešajte in postrezite.

repna juha

za 4 osebe

1¾ skodelice/1 l/4¼ skodelice piščančje juhe
1 velika repa, narezana na tanke rezine
200 g/7 oz puste svinjine, narezane na tanke rezine
15 ml/1 žlica sojine omake
60 ml/4 žlice žganja
sol in sveže mlet poper
4 šalotke, drobno sesekljane

Juho zavremo, dodamo repo in svinjino, pokrijemo in kuhamo 20 minut, da se repa zmehča in meso skuha. Dodajte sojino omako in žganje po okusu. Kuhajte, dokler ni postrežba vroča, posuta s šalotko.

Zelenjavna juha

za 4 osebe

6 posušenih kitajskih gob
1¾ skodelice/1 l/4¼ skodelice zelenjavne juhe
50 g/2 oz bambusovih poganjkov, narezanih na trakove
2 oz/50 g vodnega kostanja, narezanega
8 na kocke narezanega graha
5 ml/1 čajna žlička sojine omake

Gobe za 30 minut namočimo v topli vodi in nato odcedimo. Stebla zavrzite, vrhove pa narežite na trakove. Dodamo jih v juho z bambusovimi poganjki in vodnim kostanjem ter zavremo, pokrijemo in pustimo kuhati 10 minut. Dodajte mangetout in sojino omako, pokrijte in kuhajte 2 minuti. Pred serviranjem naj počiva 2 minuti.

vegetarijanska juha

za 4 osebe

¼ *belega zelja*

2 korenčka

3 stebla zelene

2 mladi čebuli (zelena čebula)

30 ml/2 žlici arašidovega olja

2½ d./6 skodelic/1,5 l vode

15 ml/1 žlica sojine omake

15 ml / 1 žlica riževega vina ali suhega šerija

5 ml / 1 čajna žlička soli

sveže mlet poper

Zelenjavo narežemo na trakove. Segrejte olje in pražite zelenjavo 2 minuti, da se začne mehčati. Dodamo ostale sestavine, zavremo, pokrijemo in kuhamo 15 minut.

Juha iz vodne kreše

za 4 osebe

1¾ skodelice/1 l/4¼ skodelice piščančje juhe
1 čebula, drobno sesekljana
1 steblo zelene, drobno sesekljano
8 oz/225 g vodne kreše, grobo sesekljane
sol in sveže mlet poper

Juho, čebulo in zeleno zavremo, pokrijemo in pustimo vreti 15 minut. Dodamo vodno krešo, pokrijemo in kuhamo 5 minut. Začinimo s soljo in poprom.

Pečene ribe z zelenjavo

za 4 osebe

4 posušene kitajske gobe
4 cele ribe, očiščene in z luskami
olje za cvrtje
30 ml/2 žlici koruznega škroba (koruznega škroba)
45 ml/3 žlice arašidovega olja
100g/4oz bambusovih poganjkov, narezanih na trakove
50 g vodnega kostanja, narezanega na trakove
50 g kitajskega zelja, sesekljanega
2 rezini sesekljane korenine ingverja
30 ml/2 žlici riževega vina ali suhega šerija
30 ml / 2 žlici vode
15 ml/1 žlica sojine omake
5 ml/1 čajna žlička sladkorja
120 ml/4 fl oz/¬Ω skodelice ribje juhe
sol in sveže mlet poper
¬Ω glava zelene solate, naribana
15 ml / 1 žlica sesekljanega peteršilja

Gobe za 30 minut namočimo v topli vodi in nato odcedimo. Zavrzite stebla in odrežite vrhove. Ribo prerežite na pol

koruzno moko in odstranite odvečno. Segrejte olje in pecite ribe približno 12 minut, dokler niso kuhane. Odcedimo na vpojni papir in pustimo na toplem.

Segrejte olivno olje in na njem 3 minute dušite gobe, bambusove poganjke, vodni kostanj in zelje. Dodajte ingver, vino ali šeri, 15 ml/1 žlico vode, sojino omako in sladkor ter pražite 1 minuto. Prilijemo juho, solimo in popramo, zavremo, pokrijemo in kuhamo 3 minute. Koruzni škrob zmešamo s preostalo vodo, vlijemo v ponev in med mešanjem kuhamo toliko časa, da se omaka zgosti. Solato razporedimo po krožniku in nanjo položimo ribe. Prelijemo z zelenjavo in omako ter postrežemo okrašeno s peteršiljem.

Pečena cela riba

za 4 osebe

1 večji brancin ali podobna riba

45 ml / 3 žlice koruzne moke (koruznega škroba)

45 ml/3 žlice arašidovega olja

1 sesekljano čebulo

2 stroka česna, zdrobljena

50 g/2 oz šunke, narezane na trakove

100 g olupljenih kozic

15 ml/1 žlica sojine omake

15 ml / 1 žlica riževega vina ali suhega šerija

5 ml/1 čajna žlička sladkorja

5 ml / 1 čajna žlička soli

Ribe obložimo s koruznim škrobom. Segrejte olivno olje in na njem prepražite čebulo in česen, da rahlo porjavita. Dodamo ribe in jih na obeh straneh zlato zapečemo. Ribo prenesite na list aluminijaste folije na pekač in na vrh položite šunko in kozice. V ponev dodajte sojino omako, vino ali šeri, sladkor in sol ter dobro premešajte. Prelijemo čez ribe, po vrhu zapremo folijo in postavimo v ogreto pečico na 150°C/300°F/termostat 2 za 20 minut.

dušene sojine ribe

za 4 osebe

1 večji brancin ali podobna riba
sol
50 g/2 oz/¬Ω skodelica navadne moke (univerzalna)
60 ml/4 žlice arašidovega olja
3 rezine sesekljane korenine ingverja
3 čebulice (drobnjak), sesekljane
250 ml/8 oz/1 skodelica vode
45 ml/3 žlice sojine omake
15 ml / 1 žlica riževega vina ali suhega šerija
2,5 ml/¬Ω c. sladkor

Ribe očistite in jim odrežite luske ter jih zarežite diagonalno na obeh straneh. Potresemo s soljo in pustimo počivati 10 minut. Segrejte olje in ribe na obeh straneh zlato ocvrite, jih enkrat obrnite in med pečenjem polivajte z oljem. Dodamo ingver, drobnjak, vodo, sojino omako, vino ali šeri in sladkor, zavremo, pokrijemo in dušimo 20 minut, dokler se riba ne skuha. Postrežemo toplo ali hladno.

Sojina riba z omako iz ostrig

za 4 osebe

1 večji brancin ali podobna riba
sol
60 ml/4 žlice arašidovega olja
3 čebulice (drobnjak), sesekljane
2 rezini sesekljane korenine ingverja
1 strok česna, strt
45 ml/3 žlice ostrigine omake
30 ml/2 žlici sojine omake
5 ml/1 čajna žlička sladkorja
250 ml/8 oz/1 skodelica ribje juhe

Ribe očistite in jim odrežite luske ter jih na vsaki strani večkrat diagonalno zarežite. Potresemo s soljo in pustimo počivati 10 minut. Večino olja segrejte in na njem z obeh strani zlato ocvrite ribe in jih enkrat obrnite. Medtem v ločeni ponvi segrejte preostalo olje in na njem prepražite mlado čebulo, ingver in česen, da rahlo porjavijo. Dodajte ostrigino omako, sojino omako in sladkor ter pražite 1 minuto. Prilijemo juho in zavremo. Zmes vlijemo v zlate ribice, vrnemo na ogenj, pokrijemo in kuhamo pribl

15 minut, dokler ni riba pečena, med peko pa jo enkrat ali dvakrat obrnite.

na pari kuhan brancin

za 4 osebe

1 večji brancin ali podobna riba
2,25 l / 4 qts / 10 skodelic vode
3 rezine sesekljane korenine ingverja
15 ml/1 žlica soli
15 ml / 1 žlica riževega vina ali suhega šerija
30 ml/2 žlici arašidovega olja

Ribe očistite in jim odrežite luske ter večkrat diagonalno zarežite obe strani. V veliki kozici zavremo vodo in dodamo preostale sestavine. Ribo potopimo v vodo, dobro pokrijemo, ugasnemo ogenj in pustimo počivati 30 minut, da je riba kuhana.

www.ingramcontent.com/pod-product-compliance
Lightning Source LLC
Chambersburg PA
CBHW050349120526
44590CB00015B/1617